你就是下一個韋小寶！

話術翩翩

媽媽生嘴巴不是只給你吃飯用，而是要你學會溝通！

不會表達自己、常常把天聊死、不會拒絕別人？

你該怎麼適度表達自己？怎麼在交談中游刃有餘？
這是一個不會說話就會被淘汰的時代！
如果你還在問「口才」能幹嘛，就已經晚了！

吳馥寶
刑春如 主編

得體稱謂 × 交際禮儀 × 委婉拒絕 × 有效溝通
你必須擁有的「口才小筆記」！

目錄

前言

　　語言是人類最重要的交際工具，人們借助語言來保存和傳遞人類文明的成果。語言是思維工具和交際工具，它和思想有著密切的連繫，是思想的載體、物質外殼以及表現形式。語言是符號系統 —— 是以語音為物質外殼，以語義為意義內容 —— 音義結合的詞彙建築材料和語法組織規律的體系。語言是一種社會現象，是人類最重要的交際工具，是進行思維和傳遞訊息的工具，是人類保存認知成果的載體。

　　語言是人類的創造，只有人類具有真正的語言。只有人類才會把無意義的語音按照各種方式組合起來，成為有意義的語素，再把為數眾多的語素按照各種方式組合成話語，用無窮變化的形式來表示變化無窮的意義。

　　人類創造了語言之後又創造了文字。文字是語言的視覺形式，突破了口語所受空間和時間的限制，能夠發揮更大作用。口才是我們在交際的過程中，口語語言表達得十分準確、得體、生動、巧妙、有效，能夠達到特定交際目的和取得圓滿交際效果的口語表達藝術與技巧。

　　口才是一種綜合能力，不僅包括語言表達，還包括聆聽、應變等多項能力。有位著名演講家曾說：「是人才未必有口才，有口才必定是人才。」有口才的人說話具有「言之

有物」、「言之有序」、「言之有理」、「言之有情」等特徵。
總之，善表達，會聆聽，能判斷，巧應對，是衡量口才好與
壞的重要標準。

口才並不是一種天賦的才能，它是靠刻苦訓練得來的。
古今中外歷史上一切口若懸河、能言善辯的演講家、雄辯
家。他們無一不是靠刻苦訓練而取得成功的。

美國前總統林肯為了練口才，徒步 30 英里，到一個法院
去聽律師們的辯護詞，看他們如何論辯，如何做手勢，他一
邊傾聽，一邊模仿。他聽到那些雲遊八方的福音傳教士揮舞
手臂、聲震長空的布道，回來後也學他們的樣子。他曾對著
樹、樹椿和成行的玉米練習口才。

日本前首相田中角榮，少年時曾患有口吃，但他不被困
難所嚇倒。為了克服口吃，練就口才，他常常朗誦、慢讀課
文，為了準確發音，他對著鏡子糾正嘴和舌根的部位，嚴肅
認真，一絲不苟。口才是我們每個人都應該具備的素養之
一。說話不僅僅是一門學問，還是我們每個人贏得事業成功
常變常新的資本。好口才會給你開創美好前景，擁有好口
才，就等於你擁有了輝煌的前程。

一、

交際口才，贏得人脈

1. 好口才在交際中作用無窮

講究說話是有傳統淵源的，在春秋戰國時代，百家爭鳴出現了能言善道的諸子百家。諸子百家著書立說，宣傳自己的主張，對人們的生活和社會的發展產生了積極的推動作用。

在國外，人們對口才與交際也看得很重。美國人早在第二次世界大戰時期，就把「口才、金錢和原子彈」看做是在世界上賴以生存和競爭的三大法寶。60 年代以後，他們又把「口才、金錢和電腦」看做是最有力量的三大法寶。隨著科學技術的迅速發展，「電腦」頂替了「原子彈」，而「口才」照樣獨冠「三寶」之首，足見其作用和價值非同小可。

（1）口語表達是人類社會最重要的交際工具

人類語言歸根結柢只有口頭語言和書面語言兩種基本形式。雖然書面語言曾經出現過數以萬計的千古雄文，為後人高高仰慕，嘆為「觀止」，但就日常語言實踐來看，口語使用頻率更多，應用更廣，受眾面更大。特別是隨著現代載體和傳播媒介的發展，口語突破了時間、地域的局限，就有著更為重要、更為廣泛的作用。

口語表達的作用已滲透當代生活的各個領域。大到解決國際爭端，一場智鬥，能免除兵刃之災；同外商洽談、索賠，一段明曉是非的犀利言辭，可贏得億萬財富；作戰場動員，

幾句呼喊，可使軍心一致，士氣大振；作調解糾紛，一席懇談，如綿綿細雨澆灌乾旱心田，化干戈為玉帛；一團通情達理溫暖的話，可促使庸人立志，浪子回頭。小到日常生活中談情說愛、公出辦事、商場購物，都離不開口才。至於座談演講、傳播資訊、洽談生意、待人接物，學術論辯，更時時需要發揮舌頭的功能。

說話人人都會，但是把話說得有規範、得體、連貫、得心應手並不是人人都能做到。只有有口才者才能做到這一點。既然人是「說話的動物」，一生在說話中度過，那麼舌頭的重要性自在情理之中，而體現說話藝術追求高層次表達的口才，更是重中之重了。

隨著社會的發展，人們對溝通的要求也越來越高。在農業化時代，由於生產和交通十分落後，以自然經濟為基礎的人們物質生產自給自足，他們之間的經濟交往很少。人們只要求「書同文」，不要求「語同音」，更沒有感受到應提高口語素養的必要。

當我們從傳統的經濟和社會結構中走出來以後，出現在我們面前的是一個嶄新的商業社會。在現代社會裡，構成社會的各個要素都處在複雜的連繫和不斷的流動狀態之中，如人流、物流、資訊流，而其中人是形成這種流轉的關鍵和軸心。而人與人之間的連繫和交流，必須透過語言才能發生接觸。

特別是隨著現代化傳聲技術（電話、廣播、電視、錄音

等）的迅速發展，不論是天上地下、還是水面海底、乃至月球宇宙，凡是人能到達的地方，都能做到直接通話。因此，有人認為，地球的空間距離在日益縮小，變成了一個「地球村」；過去許多靠文字傳遞的資訊，今天能用聲音、口語來代替了。由此可知，口才在今天直接影響著人們思想的交流和溝通，影響著資訊的傳遞和人際的交往。

可以這樣說，今天的整個人類社會經歷了第 4 次浪潮，已經進入了資訊時代，人與人之間的交流日益頻繁，而說話的好與不好直接決定著交往的好壞、事業的成敗。

說話對交際的重要性主要體現在以下幾個方面：

首先，語言作為訊息的第一載體，其力量是無窮的。在社交場合，語言是最簡便、快捷、廉價的傳遞訊息的手段。一個說話得體、有禮貌的人總是受歡迎的。相反，一個說話張狂無禮者總是受人鄙視的。

其次，說話隨著現代資訊社會的發展，要求也越來越高。快速發展的社會尤其講究速度和效率，於是要求人們彼此說話應充分節約時間，簡明扼要，能 1 分鐘講完的話，就不應在 2 分鐘內完成。同時高效率的要求也迫使說話者應能說同語言，並且要說的有條理，這也是社交活動所必需的。

其三，資訊社會的要求，說話者還應學會「人機對話」，以適應高科技帶來的各行各業的高自動化的要求。在日本和美國，已有口語自動識別機，用來預訂火車票等。文

字的機器翻譯若干年後將發展成為口語的機器翻譯，語言打字機的使用，將使人類的雙手獲得第 2 次解放。這些人工智慧的發展，迫切要求人們不僅能說標準的國語，更要求人們應講究如何說話。說白話，不說半文不白的話；說明白的話，不說似通非通的話；說準確的話，不說含糊不清的話。

　　總之，隨著社會改革開放的深入，國際、人際間交往的頻繁，「井底之蛙」已難以適應時代的需求。這迫使人們突出重圍，走出家園，去廣交朋友，去認真說話，透過說話去創造效益、架設橋梁、增進友誼、創造理想的明天。講究說話可謂是人人所需也是人人必須，誰輕視了說話在交際中的重要作用，誰就必將在交際中處處碰壁，屢遭敗績。

2. 語言的力量能夠征服人心

　　當今社會是一個充滿競爭與合作的資訊化社會，說話不僅是人們日常生活之必需，也是直接影響個人事業成敗的重要因素。生意場上有「金口玉言，利益攸關」之說；工作場合有「一言定乾坤」之說；生活中有「一言既出，駟馬難追」之說。可見，在現代社會中，是否能說，是否會說，實在影響著一個人的成敗得失。

　　在現實生活中，人們要交流資訊，溝通思想，這就得靠有一定的語言交流能力，不善言談的人是很難讓人了解其價值的。

語言的力量能征服人心。透過口才的交流與溝通，陌生人可熟識起來，人與人之間的隔閡可以消失，甚至公司之間、社會集團之間、國家之間的矛盾有時也可以透過它得以解決。若是語言運用不當，也可能在交際中失敗，以致損害了自己的形象。

一位新秀歌手在一次演唱大獎賽中奪得頭名。主持人問這位激動的歌手有什麼感受時，他說：「今天我博得了第一名非常高興，我賭得了獎金，而且也賭到了名聲。」「賭」字一出口，全場一片譁然，噓聲不斷，在這種公開的場合如此說話，只會給人以粗俗淺陋之感，致使「新秀」形象在觀眾心中大打折扣，並在潛意識中了解到了他的參賽動機與人品。

有句話說：「與君一席話，勝讀十年書。」跟那些具有口才的人交談，比喝了醇酒更令人興奮，良好的話語可以帶給人愉悅和激動，增進人們之間的感情交流，促使融洽。世界上沒有任何一個正常人不需要說話，不需要和別人交流、溝通，也沒有任何一種工作不需要和別人打交道。

古希臘曾流傳著這樣一則故事。著名的寓言大師伊索年輕時曾當過一貴族的奴僕。一天，主人設宴，宴請城中的風流名士。主人傳下話來，讓伊索準備最好的酒餚待客，伊索接到主人的命令後，四處收集各種動物的舌頭，辦了一個舌頭宴。開餐時，主人大吃一驚，忙問：「這是怎麼回事？」伊索笑著回答：「我尊敬的主人，你吩咐我為這些高貴的客人

辦最好的菜，舌頭是引導各種學問的關鍵，對於這些名士、貴族們來說，舌頭宴不是最好的菜嗎？」客人聽後，一個個都發出讚賞的笑聲。主人也對伊索的機智表示讚許。次日，主人又吩咐伊索說：「明天給我辦一次酒宴，菜要最差的。」次日，開席上菜時，依然是舌頭。主人見狀勃然大怒。伊索卻不慌不忙地說：「難道一切壞事不是從人口中出來的嗎？舌頭既是最好的，也是最壞的東西啊！」主人聽後無話可說。雖然，這則故事十有八九是人們編出來的，但卻說明了一個道理，即說話對於人來說有著無法估量的作用。

如果你正在求職，覺得面試這一關不好過，假如你能學會推銷自己的優點，針對提問不卑不亢地回答，那麼，你一定會獲得這份工作。

如果你是位教師，循循善誘和口若懸河是必不可少的。

如果你是位律師，學會唇槍舌劍地辯論就是這種職業的基本功。

如果你是位商務人員，你做貿易也好，管理也好，推銷公關也好，商戰舌戰是不可避免的，口軟一定利薄，嘴笨做不了賺大錢的生意人。

如果你是位公務員，面對人時得有好口才就能更好地親近上級，和睦同事，控制下級。

人生在社交中度過，話語交流伴隨著你每一刻。你時刻都在實踐著話語往來，口才是你生活的調味劑，是你事業的

推進器，是你家庭的和諧曲，也是你實現自我的凱旋曲。有了好口才，你將會愉快地工作，快樂地生活。

如果你想在滾滾人流中活得輕鬆，適得瀟灑，一定要對語言的力量給予足夠的重視，否則就會湮沒於人海中，飽嘗辛酸。

3. 口才綜合反映著一個人的能力

西方人對口才十分重視，他們意識到在市場經濟和資訊社會中，良好的口才是人生追求成功的重要技能。他們也是這樣做的，他們常常根據一個人講話時話語的深淺和交際風度來判斷其學識、修養和能力。

口才和交際的學問，在美國、西歐和日本等發達國家早已盛行，不論是學校教育，還是成人教育都很重視而開設這門課程。

美國著名成功學家戴爾‧卡內基以其畢生的精力教育人們怎樣做人處世，走向成功，卓有成效。「卡內基課程」早已成為心理、口才與交際的成人教育的代名詞。美國的卡內基學院已達 1,700 多個。

目前，美國已有 300 多所大學設有說學系或演說學系。從 1976 年到 1980 年的四年間，僅獲得「說學」碩士以上的專門人才就有三萬多人。

長期以來，有一種陋習，就是不把口才看做真才實學，認為那只是搖唇鼓舌、耍嘴皮子，或只是誇誇其談，譁眾取

寵；或把口才與詭辯連繫起來；或片面地認為口才只是講話
的技巧。也就更談不上把口才和交際能力看做是人生的基本
功和必修課，有些人甚至認為能言善道算什麼？不過是耍嘴
皮子罷了！可是真的等他需要能言善道的時候，他已經來不
及「磨嘴上陣」了。

其實，口才是一個人的綜合素養和綜合能力的體現。一
個善於言談或口才好的人，必須具備敏銳的觀察能力，深刻
地了解事物、準確地反映事物的能力；必須具有辯證的科學
思維能力，能夠全面地分析，準確地判斷，合乎邏輯地推理；
必須具有廣博的知識，能夠旁徵博引，言之有物，有理有據；
還必須有良好的應變技巧，詞彙豐富，條理清晰，風趣幽
默。所以口才如何既是衡量一個人學識的重要尺度，更是衡
量一個人實際能力的重要尺度。

市場離不開公平競爭，而競爭常常離不開語言。在商業
的活動中，能言善道，能使顧客滿意，生產也就越做越旺，
相反，板著臉，說話生硬，不得體，顧客不喜歡，老闆也要
炒他的魷魚。

4. 事業成功離不開良好的口才

好的口才可使經商者顧客盈門，財通三江，而不是門可
羅雀，債臺高築；好的口才可以使合家歡樂，其樂融融，而
不致舉家鬱悶，愁腸百結；好的口才如戰鼓催征，雄兵開拔；

如江水直下，一瀉千里；如綿綿春雨，滋潤心田。秦末，陳勝、吳廣揭竿而起，大喊：「公等遇雨，皆已失期當斬。借第令毋斬，而戍死者固十六七。且壯士不死即已，死即舉大名耳，王侯將相寧有種乎？」此話振聾發聵，似狂飆突起，令人熱血沸騰，奮力相隨。可見，「一人之辯重於九鼎之寶，三寸之舌強於百萬之師。」

事業的成功與否離不開你的口才。好的口才可以使你獲得別人的同情、幫助，與人合作，受到他人的讚賞。

中國歷史上，善辯之士甚多：晏子使楚，名揚千秋；蘇秦善辯，穿梭六國；孔明機智，舌戰群儒；解縉巧對，傳為美談；魯迅、聞一多、陳毅，更是現代能言善辯的口才泰斗。在西方國家也有相通之處，古羅馬傑出的政治家、哲學家和文學家西塞羅具有非凡的演說才能，他能把演講的社會作用推廣到驚人的程度，並憑著自己的一張利嘴躋身政界，成為羅馬的檢察官和執政官。18 世紀的英國在工業革命之後發展很快，議會議員皮特有「第一張鐵嘴」之稱，其演講儀態雄偉、聲音洪亮、言辭激越、感情充沛，這種非凡的口才使他打敗了一個又一個政敵，並贏得了支持和理解，一躍成為英國首相。美國當代億萬富翁魯幾諾‧普洛奇，之所以有今天如此顯赫的地位，跟他的出眾口才有關。

魯幾諾‧普洛奇 1918 年出生在美國明尼蘇達州的一個小鐵礦城。由於家裡貧窮，他常跑到礦場，撿些礦片賣給遊

客。在與遊客打交道的過程中，他開始顯示出能言善道的口才。

高三那年，他當起了小老闆，加入了推銷水果的行列。一天，一船的香蕉——18 箱——在冷凍廠受損了。香蕉仍然可口，完全沒問題，但外面的皮太熟，黑乎乎的，不好看，這會影響香蕉的銷量。魯幾諾主動請戰，他相信他的口才會為香蕉的銷量帶來好運。

那時 4 磅優質的香蕉可賣 25 美分。同行建議他開始以 4 磅 18 美分推銷這批香蕉，如果沒有人買的話，再降低價錢。

但是魯幾諾自有其絕招。他在門口擺滿了堆成小山似的香蕉。然後，他開始叫喊起來：「阿根廷香蕉！」根本沒有什麼阿根廷香蕉，但是這個名字蠻有味道，聽起來很高貴。於是招來一大堆人圍過來瞧瞧普洛奇的黑乎乎的香蕉。

他說服他的「聽眾」，這些樣子古怪的香蕉，是一種新型的水果，第一次外銷到美國。他說為了優待大家，他準備以驚人的低價，1 磅 10 美分，把香蕉賣出去。這個價格比一般沒有受損的非「阿根廷香蕉」差不多要貴一倍。

3 小時之內，他就把 18 箱香蕉賣光了。

普洛奇由於出色的推銷才能，不久升任為一家大型公司的總經銷。

他發明了一種推銷方式，並總結要訣：把各個地方的商人聚集起來，使他們相信如果他們聯合購買的話，會比較便

宜。結果，他把一卡車又一卡車的貨賣給他們。

他又說服那些商人，要他們相信，該是他們大批買進這樣那樣貨物的時候了，不能等到下個月了，因為下個月價格一定會上漲。這樣，他又多賣出不少東西。為了使他的話更有說服力，他自己打電報給自己，裝作是他的總裁打來似的。電報的內容大約是這樣的：「警告顧客，豆子的價格將會上漲。」他手裡揮動著電報，不愁顧客不向他訂購更多的東西。

普洛奇自己終於辦起了公司，成為豆芽廠的總經理。

但豆芽廠的規模很小，而且僅僅把豆芽當作食品賣出去，當時銷量有限。普洛奇決定把豆芽裝成罐頭。他打電話給威斯康辛州的一個食品包裝公司，得到答覆，這個公司同意替他把豆芽製成罐頭 —— 只要普洛奇能找到任何罐頭筒的話。在大戰期間，所有的金屬都優先用在軍事上，老百姓只有極有限的配給。

普洛奇感覺，又是他一展高超口才的時候了。

普洛奇不經任何人搭橋牽線，直接奔向首都華盛頓。他靠他的三寸不爛之舌，「過五關，斬六將」，一直衝到戰爭生產部門。

他用了一個氣派非凡的名稱介紹自己，說自己來自「豆芽生產工會」，需要政府幫助。華盛頓的官員熱情地接待了他，他給他們的感覺好像他來自什麼農人工會，而不是什麼

公司。戰爭生產部門讓這個來自明尼蘇達州的老闆帶走了好幾百萬個稍微有些毛病但仍可使用的罐頭盒。

普洛奇在罐頭外面貼上標籤，寫上一個東方名字：「芙蓉」，雖然那時公司裡一個東方人也沒有。

然後，普洛奇覺得該增加「芙蓉」產品的種類了。把豆芽加上芹菜和其它蔬菜，他就有了一道人人喜歡吃的中式菜「雜碎」的配料了。

請看另外一位老闆對其的評價。

「這個芙蓉公司有什麼來頭？」通用食品公司的一位經理有一天問他的公共關係顧問，「他們是中國人嗎？」

「不是，」這個公共關係顧問說，「公司的首腦是一個美國人，而工廠的工人多數是明尼蘇達的瑞典人。」

「你在說笑話！」那位經理說：「天呀！他那些鬼罐頭都壓扁了，好像是從中國運來的。那個公司一定有個世界上最優秀的口才專家和推銷專家！」這句話說得沒錯。普洛奇靠他出眾的口才和推銷術使自己一步步登上事業的頂峰，最終擠進了美國億萬富翁的行列。

有個好口才是人生一筆好財富。如何擁有這筆「強勢貨幣」？你可以從兩個方面去修煉：心理素養和狀態上的鍛鍊，以及外在知識背景和口才技巧的訓練。前者是內在因素，一旦你改變昔時的觀點，調整自己的心態，積極地感受和實踐，那麼你的口才能力就具備了大半。後者是具體的口才技

巧的學習，廣泛地閱讀加上不斷地模仿練習，就可使各種技法為你所用，並且能夠融會貫通，瞭然於心，那時，你就是位真正具有好口才的人。

5. 大凡傑出人士都擁有良好的口才

語言的力量能征服世界上最複雜的東西 —— 人的心靈。傑出人士都是能征服人的心靈的人，他們往往都有好口才，具備駕馭語言的高超能力。

(1)雷根 —— 綿裡藏針顯實力

1984 年，美國雷根為了競選美國總統，與對手蒙代爾進行電視論辯。在論辯中蒙代爾自恃年輕力壯，竭力攻擊雷根年齡大，不適宜擔此重任。雷根回答說：「蒙代爾說我年齡大而精力不充沛，我想我是不會將對手的年輕、不成熟這類問題放在競選中加以利用的。」這一絕妙的回答立即博得全場熱烈的掌聲。最後，雷根獲勝當選總統。面對年輕氣盛的蒙代爾的攻擊，身為長者的雷根如果以牙還牙，破口對罵就會有失身為長輩的沉穩持重、老謀深算的優勢；但如果逆來順受、裝聾作啞，那麼，在蒙代爾的銳氣面前，則又顯得老氣橫秋、難有作為了。為了爭取電視觀眾，雷根根據自己的長處和對方的短處，採取了將計就計、以守為攻、以柔克剛的策略，即在不動聲色之中，以己之長，顯彼之短，既盡量

顯示身為年長者的足智多謀、寬宏大度，又委婉地抨擊和襯托對方身為年輕人的淺薄和狹隘。他在講話中並不諱言自己比對手年齡大，卻居高臨下地以長者面對後輩的挑釁不屑一駁的口氣說：「我是不會將對手的年輕、不成熟這類問題放在競選中加以利用的。」這句話說得非常幽默，因為它明裡說的是「不會利用」，其實已毫不客氣地一針見血道地出了對方的「不成熟」。這種輕巧、寬容的語氣與內容的巨大反差不但帶有濃厚的幽默氣氛，而且在不知不覺之中把對方推到了「攻擊長者」的「不成熟」的位置上，充分反襯了自己身為長者的寬宏大度，以穩操勝券的姿態顯示了自己的信心和實力。這就不僅在論點上，而且在人品和形象上，都有力地反擊了對手，在觀眾面前樹立起比對方更能勝任總統職務的印象。

（2）基辛格 —— 妙答記者問

1975 年 5 月 20 日，季辛吉隨尼克森總統動身前往莫斯科，途經維也納。

在維也納，季辛吉舉行了一次記者招待會。主持人簡單介紹了季辛吉與尼克森前往蘇聯的原因及要舉行的兩國首腦的會談。

《紐約時報》記者馬科斯·弗蘭克爾問：「到時，你是打算一點一滴地宣布呢，還是來個傾盆大雨，成批地發表協定呢？」

季辛吉對這家一向使他很惱火的報紙的記者答：「我明白了，你們看，馬科斯同他們的報紙一樣，多麼公正啊，他要我們在傾盆大雨和一點一滴之間任選一個，所以無論我們怎麼辦，總是壞透了……我們打算一點一滴地發表成批聲明。」

全場哄堂大笑。

在莫斯科，美蘇關於限制策略武器的 4 個協定剛簽署，季辛吉就在一家旅館裡向隨行的美國記者介紹這方面的情況。

季辛吉微笑著說：「蘇聯生產導彈的速度每年大約 250 枚。先生們，如果在這裡把我當間諜抓起來，我們知道該怪誰啊！」

記者們開始接過話題，探問美國的祕密。一位記者問：「我們美國的情況呢？我們有多少潛艇導彈在配置分導式多彈頭？有多少『民兵』導彈在配置分導式多彈頭？」

季辛吉聳聳肩：「我並不確切地知道正在配置分導式多彈頭的『民兵』導彈有多少。至於潛艇，我的苦處是，數目我是知道的，但我不知道是不是保密的。」

記者立即說：「不是保密的。」

季辛吉反問道：「不是保密的嗎？那你說是多少呢？」

全場哄堂大笑。

尼克森、季辛吉離開蘇聯，在德黑蘭作短暫停留。當晚，伊朗首相邀請季辛吉去看舞女帕莎表演。季辛吉看得出了神，末了還與帕莎聊了一陣。

第二天，在總統專機上，一位記者向季辛吉打趣：「你喜歡她嗎？」

季辛吉一本正經地回答：「她是個媚人的姑娘，而且對外交事務有著濃厚的興趣。」

「真的嗎？」

「那還有假。我們一起討論了限制策略武器會談，我費了些時間向她解釋怎樣把 SS-7 導彈改裝在 V 型潛艇上發射。」

旁人都在發笑。有好口才的傑出人物不勝枚舉，只要你對他們高超的語言加以揣測，就可以獲得無窮的力量。

6. 好口才並非天生，而是源自後天訓練

有位美國政界要人曾說過，個性和口才的能力比起外語知識和哈佛大學的文憑更為重要。的確，口才很重要。但你也許會說：「我先天不足怕開口，見生人就臉紅，沒口才。」那麼，我們告訴你：朋友，這不要緊，路就在腳下。

口才不會與生俱來，也不會從天而降，就像莊稼需要施肥、道路需要整修，口才也需要培養。

有人曾對邱吉爾的口才進行各種分析，他的兒子卻一語中的：「我的父親把他自己一生中的最寶貴的年華都花在寫演講稿和背誦演講稿上了。」世界上沒有天生的演說家！毫無

疑問，邱吉爾被譽為「世紀的演說家」是當之無愧的，但人們可能忘了，他是完全靠自學成才的演說家，他原先講話結結巴巴，口齒不清，根本就不是當演說家的材料。他本人身高 5 英呎 5（約 1.65 公尺），沒有堂堂的儀表和風度，他那難聽的叫喊聲又不像道格拉斯‧麥克阿瑟或是馬丁‧路德‧金恩那樣洪亮。邱吉爾沒有受過大學教育，他曾經在下院最初的一次演講中，講了一半便垮下來了……然而，就是這個邱吉爾，成了舉世皆知的雄辯的演說家。先天不足後天補，完全是做得到的。美國前總統甘迺迪曾經這樣評價邱吉爾：「邱吉爾動員了英語語言並將它投入戰鬥。」邱吉爾的成功，除了刻苦、勤奮、堅持不懈的努力，別無他法。

　　發明大王愛迪生說過：「天才是百分之一的靈感和百分之九十九的汗水結晶。」先天的天賦固然重要，但後天刻苦的鍛鍊更為關鍵。魯迅先生說：「世上本沒有路，走的人多了，也便成了路。」在實踐中磨練口才，以堅強的意志作為通向成功的基石，用汗水澆灌成功的花朵，勤奮的苦練加上技巧，一定會成功。哈佛大學的著名教授威廉‧詹姆士說過：「我們只是半醒著。我們僅僅在使用我們體力和智力的一小部分。說得明白一點，人類就是一直這樣畫地為牢，生活在自己的圈子裡。人具有各種力量，但往往未加發揮。」這些力量我們每個人都有，只是沒有得到充分發揮，而對這些力量置若罔聞，太可惜了！出生於英國的狄更斯，在歐洲

有「歷史性的雄辯家」的美譽。但是，這位口才銳利的雄辯家在小時候，曾經是天生的聲音低沉，並且呼吸短促，口齒不清，旁人經常聽不清他在說些什麼。但是偏偏狄更斯所在的祖國 —— 英國，有著很嚴重的政治糾紛，因此，能言善辯之士特別受到重視，引人注意。當時，狄更斯除了說話較一般外，其他方面都是一流的，他知識非常淵博、思想十分深邃，十分擅長分析事理，能預見時代潮流和歷史發展趨勢，因而狄更斯認為必須改變自己口才笨拙的現實，以免為時代所淘汰。於是，他下決心進行鍛鍊。他經過了一番周密細緻的思索，準備好了精彩的演講內容之後，第一次走上了演講臺，但很不幸，他失敗了，因為他的聲音低沉、肺活量不足，口齒不清，聽者根本就無法聽清楚他在說什麼。但是，狄更斯並不氣餒，也不灰心，反而比以前更加努力了。他花大量時間訓練自己的說話膽量，每天跑到海邊去對浪花拍擊的岩石放聲吶喊，回到家後，又對著鏡子觀察自己說話的嘴形，進行發聲練習，堅持不懈。皇天不負苦心人，經過幾年努力後，狄更斯終於再度走上講臺，並一舉成名，博得了熱烈的喝彩與掌聲，從此，聲名遐邇。笨拙的舌頭終於變成了天才的口才。

　　英國的現代主義戲劇家蕭伯納才華出眾，並且以幽默的演講才能著稱於世，顯示了淵博的知識、深邃的思想。但是，在他年輕時，卻膽子很小，羞於見人。初到倫敦，上朋

友家做客，總是先在人家門前忐忑不安地徘徊良久，卻不敢直接去按門鈴。有一次，一位朋友邀請他參加一個學會的辯論會，他在會上懷著一顆非常緊張的心站了起來，做出了有生以來的第一次公開演講，當他講完時，迎接他的不是掌聲，而是喝倒彩和譏笑。這次下來，蕭伯納感覺蒙受了莫大的恥辱。但是，蕭伯納並沒有從此不在公開場合演講，而是化自卑為動力，改弱點成長處，鼓足勇氣，面對挑戰。拿出超人的毅力，參加了許多社團辯論，並且在社團辯論中總是參與發言，據理力爭。他每星期都找機會當眾公開演講，在市場、在教堂、在公園、在碼頭，無論是面對成千上萬的聽眾還是寥寥無幾的聽眾，都慷慨陳詞。終於，蕭伯納成了一名世界級的演說大家。

二、

友好介紹，稱謂得體

1. 介紹彼此相識的方法

在社交場合中，介紹與被介紹是很重要的一環。透過介紹，新的友誼得以形成，新的同事得以相識，彼此間的志趣得以了解，業務上的接觸也從此開始了。

當別人替你介紹或你替別人介紹的時候，請記住下面這些簡單的禮節，即可無往而不利。

(1)介紹的原則

假如有三個人在一起，其中兩個人已經互相認識，而第三者卻跟其中一個人不認識，那麼另一個人就有義務擔當介紹人，把第三者介紹給這個人認識（或把這個人介紹給第三者認識）。當你招待不止一個客人的時候，如客人中有互不認識的，做主人的也要負起介紹的責任，使這些彼此不認識的人成為朋友。

通常，是把男士介紹給女士，即在介紹過程中，小姐的名字應先提，然後再提男士的名字。如：「李小姐，我來為你介紹一位朋友，這是陳先生。」

有時亦有例外。如果你要介紹一男一女認識，而男的年紀比女方大很多時，則應該將她介紹給這位男士，以示尊敬長者之意。如：「張先生，讓我介紹我的外甥女給你認識。」

在同性別的兩人中，年輕的應被介紹給年紀大的，亦是表示尊敬長者之意。未結婚的通常被介紹給已結婚的，除非

未結婚的男士（或女子）年紀比已結婚的大很多。

在年紀相差不遠的男士中，並不計較誰被介紹給誰，但當某人在社會上是德高望重、或是有名望有地位時，別的人自當被介紹給他。總而言之，在介紹過程中，先提某人的名字乃是對此人的一種敬意。歸納上面的原則，是年輕的或後輩的被介紹給年長的或前輩的，男的被介紹給女的，但是丈夫介紹妻子給別人則屬例外。介紹時，最好把對方的服務機關或就讀學校順便說出。至於舊式中國人介紹雙方籍貫的辦法，對長一輩的還是可以採用。介紹人如果能找出雙方的某些共同點更好，比如某甲是位作家，某乙是位出版商，則應該把這點有關聯的關係說出來，這樣會使雙方談話更順利。

(2)介紹自己家人的方法

介紹自己的家人給客人認識，不應在家人的姓名後面加上「先生」、「太太」或「小姐」等稱呼。但是，女兒如果已經結了婚，就應加「太太」兩字，例如：「我的女兒張太太」，以免對方誤會她還是個「閨女」。介紹的時候，丈夫應稱外子，但是直接稱「丈夫」或含蓄點稱「先生」也可以，兒子或女兒應稱小兒或小女，兄弟與姐妹應稱家兄或家姐、舍弟或舍妹，然後，再加上他們的名字。如果是介紹自己的丈夫，則姓和名要都加上。例如：向客人介紹自己的女兒時，應說：「這是小女秀芳」如女兒已經結了婚，就如前面所說的

「我的女兒張太太！」（這時可不必稱「小女」了）。介紹自己的丈夫，應該說：「李太太，讓我介紹我的丈夫張英才吧！」或「這是外子英才。」向父母介紹自己的朋友，可說：「爸爸（或媽媽），這是我的朋友何治平先生（或何先生）。」

（3）在集會上的介紹方法

在宴會、舞會，或普通集會上，來賓較多，這時不必逐一介紹，主人只需介紹坐在自己旁邊的客人互相認識就可以，其餘的應自動和鄰座聊天，不應等主人過來介紹。

在家庭式的集會上，可適當的向一些人介紹後到的客人，例如在家庭宴會上，對與自己同桌的人介紹後到的客人：「這位是李先生、王小姐、張太太……」

2. 向他人做自我介紹的技巧

初次見面，得體地介紹自己，也不是那麼容易，有人灑脫自然，有人拘束呆板。對求職者來說，自我介紹有可能是成敗的關鍵，因此要做到：

（1）從容不迫

微笑、握手、友善、謙和，要眼神接觸，不可總盯著面試者的某一局部，不要縮手縮腳，也不要做作；要自然、大方、機敏。面試者希望聽聽你講話，所以不要只是答「是」

或「不是」。聲調不要過高或過低，過高顯得浮躁，過低顯得怯懦，應以面試者聽清為原則。

(2)放鬆情緒

在面談或面試時，多數人有難以控制的害怕心理，因為你求職是否成功，在很大程度上取決於面試者的好惡愛憎。求職者總是盡可能扮演面試者需要的角色，不要因為芝麻大的事和一時的缺點給面試者留下不良印象。總不相信憑自己的智慧、魅力、經驗、敏銳的思考能力或者允分的準備就能得勝。因而在面試中，造成心理緊張和負擔，連連失誤鑄成大錯。怎樣做個自信、成熟的應徵者？多年的經驗告訴我們：「放鬆自己！」這一點無比正確。

(3)克服羞怯

從人的心理看，初次相見，彼此都有一種要了解對方的願望和渴望得到對方尊重的心理。因此在求職時，準確、簡要地自我介紹，使對方的願望得到滿足，這是一種尊重。透過介紹，雙方就可以赤誠相見，後面的事情就好辦多了。當然也不要過分地誇張熱誠和大力握手。

(4)注意繁簡

自我介紹是人們進行社交的一種手段，由於交際的目的、要求不同，自我介紹繁簡程度亦應有所區別。求職自我

介紹時，先講清姓名、身分、目的要求，再介紹自己的學歷、經歷、資歷、性格、專長、經驗、能力、興趣等等，為了取得對方的信任，有時還得講些具體事例。什麼情況下做簡單介紹，什麼情況下做詳細的介紹，只能視具體情況而定。

(5) 把握時間

介紹自己的情況往往要受到時間的限制。即使客觀上無時間要求，介紹者自己也要有個時間觀念，不要使時間拖得過長，讓別人感到你是在藉機表現自己，以致引起反感。要在有限的時間內，將自己要告訴面試官的內容說完，就要求先對自己要講的內容作周密的考慮，對語言邏輯乃至詞語進行反覆的推敲。要做到條理清晰，重點突出，語言簡潔明瞭，防止方方面面都要延展。

在自我評價時，不要過高，也不能過低，關鍵在於掌握分寸，怎樣掌握好分寸呢？

一要自識。俗話說，知人者智，知己者明；知人易，知己難。要對自己做出準確的評價，就要有自知之明。

二要自謙。謙虛本身就是一種美德。在做自我評價時，應適當地留有餘地，一般不宜用表示極端的詞句自我讚美。孟德斯鳩在《波斯人信札》中說：「誇獎的話，出於自己的口中，那是多麼乏味！」

三要自嘲。嘲是嘲諷、戲謔，本來是一種貶斥人的行

為，自嘲就不同了。自我嘲諷，自我戲謔，是於自貶中包含著自解、自慰。自我介紹中用自嘲更能於詼諧幽默的自我揶揄之中露出一點自信和自得之意，既能增強言語風趣，又不流於自誇。

在自我介紹時，如果希望認識某一個人，則應主動，不能等待對方注意自己，如果對方是一個以前曾經與你打過交道的人而並未記起你的姓名時，你也不要做出提醒式的詢問，最好的方法是直截了當地再自我介紹一次。

實事求是是自我介紹的基本要求，但只有注意語言技巧，才能錦上添花，收到更好的效果。

3. 介紹他人的技巧

在交際活動中，介紹占有很重要的地位。有人說「介紹是一切社交活動的開始。」這種說法是頗有見地的。因為人與人之間，都要從不認識到認識，爾後方能進行交際；就連嬰兒認識父母，也少不了反覆的介紹或自我介紹。可見，掌握一些必要的介紹用語，往往能使交際活動一開始就出現一種禮貌、和諧的氣氛，有助於達到交際的目的。

介紹的對象，一般有 3 種：人、事、物。這裡，我們主要談談人與人之間的介紹活動與技巧。在這個範圍內，可以把介紹分為「自我介紹」和「居間介紹」。

自我介紹是一個人的「亮相」，人們的評價就從此時開始。因此，要謹慎選擇介紹用語，給人一個最佳的「第一印象」。

自我介紹的內容，通常包括本人姓名、年齡、籍貫、學歷、簡歷、特長、興趣等。至於是否要「和盤托出」，你可根據交際的目的、場合、時限和對方的需求等做出恰當的判斷，盡量使介紹能滿足對方的期待。介紹用語一般要求重點突出、簡潔明確、得體有禮。

比如，當你主動向別人介紹自己時，你要針對不同的對象，有分寸地用好表達歉意的語言（「恕我冒昧」、「打擾您了」等），適當表示渴望結識對方的願望與原因。而當對方同意之後，自我介紹者還要用一定的應答語，來表達自己的高興與感謝。如「久仰大名，認識您非常榮幸」或「認識您太高興了」等。

有時，自我介紹的對象是一個集體。這種情況下，如果可能，自我介紹不但要注意到大家期望了解你的程度，也要盡可能使自我介紹同時成為展示自己個性的機會。因此，這時的介紹用語還要富有個性色彩，突出自己的特點，不講泛泛而談的空話。

居間介紹，是介紹者站在第三者的立場，使被介紹雙方相互認識並建立關係的一種交際活動。這是一種「複合」的交際活動：一方面，被介紹雙方以介紹者為仲介，開始交往；

另一方面，介紹者以介紹為手段，同時與雙方交際。因此，介紹者既要做好「媒人」，促成雙方關係的建立，又要兼顧自己同雙方關係的發展，這就是介紹者選擇自己的介紹用語和介紹方式的雙重出發點。

身為雙方仲介的介紹人，介紹時說話必須清楚明確，不要含糊其詞，拖泥帶水。舉一個例子：如向人介紹「胡先生」時，最好補上一句「古月胡」；介紹「吳先生」時，緊跟著補上一句「口天吳」。這樣就會使人聽來更明確，避免誤會。其實介紹人在介紹時，如果知道被介紹者及對方朋友有一定職位時，最好介紹時連同單位、職位一起簡單介紹，如「××××公司黃經理」或「××××企業陳先生」之類，這樣，可使雙方加深印象，易於記憶，又使別人知道介紹者的身分，這是雙方都會歡迎的。如果有一些人不喜歡別人知道他的工作住所，而事先又已經關照，那就要尊重他的願望了。

在居間介紹時，要避免把某一個朋友過分頌揚。一般來說，較謙虛的人，儘管在熟悉的朋友面前也是不喜歡自誇的，更何況是新朋友。如果你不問情況，替他人大肆吹噓，會使他不好意思。同時這樣會使他人對你產生替人「吹牛拍馬」的感覺，這容易使人引起反感，造成尷尬的局面。這種情況，在介紹異性朋友時，尤其值得注意。

在居間介紹時，還要注意到介紹順序的問題。在國際禮儀中，自古以來介紹順序原則上是這樣的：

1. 先把男子介紹給女子；

2. 先把職位低的人介紹給職位高的人；

3. 先把晚輩介紹給長輩；

4. 先把未婚者介紹給已婚者；

5. 先把年輕人介紹給年長者。

這幾個原則，在交際中實際上常會因遇到交叉兩難的情況而需靈活掌握，但仍可幫助介紹者根據以下不同情況組織好自己的介紹用語。

向尊長介紹他人時，目光注視他人，微笑著說：「×× 長，請允許我向您介紹，這位是……」，或「尊敬的 ×× 先生，我非常榮幸地向您介紹，這位就是……」，然後，轉對另一方，同樣含笑地說「× 校長」，或「這位便是您一直希望見到的 ×× 先生」。

向同齡人介紹他人最好能從熱情的招呼開始。「請讓我向你介紹一下，這位是 ×××，×× 中學 × 年級學生」，再轉對另一方說：「這位是 ×× 中學 × 年級的 ×××，也是文藝愛好者」。

有時，大家彼此較親密或隨便，這種情況下，介紹人只要簡單地說「×××，你認識 ××× 嗎？」或「張英——王華」就可以了。這屬於介紹的親暱方式或簡單方式，有時更容易溝通大家的感情。

把一個人介紹給一群人時，一般應先介紹這個人的姓

名、職業、特點等，然後按順序介紹人群中各人的名字。

　　另外，自我介紹和居間介紹還要注意以下 3 點：

　1. 介紹時應大方，自信；

　2. 要音量適中，口齒清晰，語速不可太快；

　3. 不要以做怪相來掩飾慌亂。

　　接下來談談如何介紹事或物。第一，介紹一般也從打招呼開始，如「敬愛的老師和家長，請允許我向各位介紹一下……」；二，條理要清晰，核心宜突出；第三，注意口齒、音量、語調、語速；第四，儀態大方，舉止自然，適當地以姿勢輔助說話；第五，結束時可對所介紹的內容略作小結，並向大家聽完介紹表示謝意。

4. 彼此相識時握手寒暄

　　當介紹人把不認識的雙方介紹完畢以後，如果雙方都是男子的話，某一方或雙方都是坐著，那麼就要站起來，趨前互相握手，通常被介紹者應該先趨前主動伸出手來，握手時，必須要正視對方的臉和眼睛，並面帶微笑才對，握手不要太用力，否則會給別人粗魯的感覺。

　　握手的時候，也不應只用 2、3 隻手指輕輕一握敷衍了事。正確的握法，是 5 指齊用，稍微一握，時間大約 2、3 秒鐘為宜。有些人握住別人的手，緊緊不放，只顧熱情地說

話，尤其在路上，是很令人討厭的。假如你的手來不及擦乾或弄髒了，千萬不能熱情過度，趨前一握。這時可以含笑解釋沒有伸出手來的原因。

在和初相識的友人握手時，可以不必開口，但須記住對方的姓名和面貌，假如當時人數很多，來不及一一記清，那就先記住對方的姓。假如你想在握手時用言語表示一下，可輕聲地說：「我十分高興認識你」，或簡單地說「久仰」亦可。

戴手套的男士，在握手時，須將右手手套脫下（女士可以不脫），如果時間太匆忙，或在街上偶遇，來不及將右手手套脫下，也可以不脫，但不要忘記說一聲對不起。戴帽的男士，彼此在戶外遇到互相介紹時，除非有女士在側，否則是不需脫下帽子再握手的。

一位男士被介紹給女士認識時，他要等女士伸出手時，才能相應地伸出手去，否則伸出手來沒得到相對反應，場面就尷尬了。但身為女士，除非十分不便，否則應該主動地伸出手來表示友好。至於坐著的女士，不管對方是男是女都不需站起來，只要坐著握手就可以了，除非對方是主人或長輩。但對於十七八歲以下的少女來說，對於長輩及年長的人不管是男是女，都要起立趨前握手，並要脫下手套。

介紹過後，假如有名片的話，應迅速地拿出來遞給對方。

5. 向人介紹自己的伴侶

在社交場合或有人來家做客時，把自己的妻子或丈夫介紹給初次會面的朋友，是有一定的講究的。

當丈夫把妻子介紹給朋友時，應當首先將對方介紹給妻子，然後再將妻子介紹給朋友。而當妻子介紹丈夫給朋友認識時，無論對方是先生還是女士，都應該首先介紹自己的丈夫。介紹之前，可以徵得朋友的同意，應該這樣說「王先生，我介紹我的丈夫與你相識好嗎？」如果把次序顛倒過來，說成：「王先生，我介紹你和我丈夫見面好嗎？」那是不禮貌的。

介紹自己的丈夫或妻子，有夫妻之間的配合問題。介紹方式做得好，只是一方面。另一方面，被介紹的一方一定要及時做出反應，不能木然無語或語氣冷漠。熱情的表示，是對相見者的禮貌和尊重，不然客人會十分尷尬。例如，當妻子介紹完客人和自己的丈夫後，做丈夫的應及時伸出手表示歡迎說：「您好，快請坐。」這樣客人會有一種十分愉快的感覺。

有一點應當講清楚。丈夫被介紹給一位小姐或夫人時，無論女方是站是坐，他都該點頭欠身，並等候女士伸出手來，才可以相應伸手。因為，身為初次見面的女士，只要微笑點頭，尊稱對方一聲「× 先生」，就算合乎禮貌了，握不握手，是女士的選擇自由。

6. 稱呼他人必須得體

　　和別人打交道，總是以稱呼開頭，它好像是一個見面禮，又好像是進入交往大門的通行證。稱呼得體，可使對方感到親切，交往便有了基礎。稱呼不得體，往往會引起對方的不快甚至慍怒，雙方陷入尷尬境地，致使交往梗阻甚至中斷。那麼，怎樣稱呼才算得體呢？這要根據對方的年齡、身分、職業等具體情況和交往的場合，以及雙方的關係來決定，不可能有統一的、固定的模式，要靠自己的經驗積累。有這樣一個故事：過去，有個年輕人騎馬趕路，忽見一位老漢從這裡路過，他便在馬上高聲喊道：「喂！老頭兒，離客店還有多遠？」老漢回答：「5 里！」年輕人策馬飛奔，急忙趕路去了。結果一口氣跑了 10 多里，仍不見人煙。他暗想，這老頭兒真可惡，說謊騙人，非得回去教訓他一下不可。他一邊想著，一邊自言自語道：「5 里，5 里，什麼 5 里！」猛然，他醒悟過來了，這「5 里」，不是「無禮」的諧音嗎？於是撥轉馬頭往回趕。追上了那位老人，急忙翻身下馬，親熱地叫聲「老大爺」，話沒說完，老人便說：「客店已走過去了，如不嫌棄，可到我家一住。」這則流傳很廣的故事說明了一個樸素的道理：見了陌生的長者，一定呼尊稱，特別是當你有求於人的時候。比如：「老爺爺」、「老奶奶」、「大叔」、「嬸嬸」、「老先生」、「老師傅」、「您老」等，不能隨

便喊：「喂」、「嗨」、「騎車的」、「放牛的」等。否則，會使人討厭，甚至發生不愉快的口角。另外，還需注意，看年齡稱呼人，要力求準確，否則會鬧笑話。比如，看到一位20多歲的婦女就稱「大嫂」，可實際上人家還沒結婚，就會讓別人不高興。

7. 稱呼裡面有學問

稱呼，表示著人與人的關係，反映著一個人的修養和品德，也影響社會的風尚。

(1)稱呼注意事項

簡單準確。不能把「叔叔」稱為「我爸爸的弟弟」，對一個年輕的姑娘不能稱「大嫂」，不能說一些「阿姨伴侶的爸爸」一類描述對象關係不清的稱呼。

要區分不同對象、場合。要準確地分清親疏遠近的關係和對方的年齡、輩份、職務等。在不同的場合、不同的時機，對不同的對象，選擇正確的稱呼。如到同學和同事家，對其父母就不能稱職務或先生（或小姐），要稱「伯父伯母」或「叔叔阿姨」。戀人、夫妻之間親暱的稱呼，不宜在公開場合、父母和孩子面前出現。

誠於中而形於外。對人稱呼親切、彬彬有禮，是心靈美的體現。不能把稱呼看成是單純交際應酬的手段，為稱呼而

稱呼是不可取的，效果也不會好。至於把尊稱作奉承，謙稱作獻媚，就更不好了。

語言優雅。稱呼不僅表示對被稱呼者的友好尊重，同時也反映了稱呼者人格上的文明。有些人出言不遜，稱呼用詞粗鄙，如開口就是「喂」、「老頭子」、「賣肉的」等，甚至帶有不堪入耳的髒話，這好像是貶低了別人，實際上卻抹黑了自己，表現出自己缺乏文明修養。

（2）日常生活中的稱呼

稱呼有以職務相稱的「職務稱」；有以姓或姓名加「先生（或小姐）」的「姓名稱」；有不知對方職務與姓名的「一般稱」，如「先生（或小姐）」；有「職務稱」如「售票員先生／小姐」；還有「代詞稱」，如「您」；有更親切的稱呼，如「老葉」、「小關」；至於親屬的稱呼也很多，可謂「親屬稱」。

在工廠裡比較通行的是相互稱「師傅」。在學校稱「老師」。比較熟悉的可以稱「老某」、「小某」。社會上一般互稱「先生（或小姐）」。

對於老年人要稱之為「老爺爺」、「老奶奶」。對於年紀較大的稱之為「大叔」、「嬸嬸」，也可稱為「叔叔」、「伯伯」、「阿姨」等。

對於低年級的學生和幼兒園的小孩子，可根據年齡稱他們為「同學」、「小朋友」。

對售貨員、售票員不能稱為「賣東西的」、「賣票的」。總之，要根據對象和場合，使用文明禮貌的語言稱呼。

（3）國際交往中的稱呼

在國際交往中，一般對男子稱「先生」。對女子稱「夫人」、「女士」、「小姐」。對已婚女子稱「夫人」，未婚女子統稱「小姐」。對不了解婚姻情況的女子，可稱「小姐」，對戴結婚戒指的年紀稍大的可稱「夫人」。這些稱呼均可冠以姓名、職稱、銜稱等。如「希萊克先生」、「議員先生」、「瑪麗小姐」、「祕書小姐」、「護士小姐」、「懷特大人」等。

對地位高的官方人士，一般為部長以上的高級官員，按國家情況稱「閣下」、職銜或先生。如「部長閣下」、「總理閣下」、「總理先生閣下」、「大使先生閣下」等。但美國、墨西哥等國沒有稱「閣下」的習慣，因此可稱「先生」。對有地位的女士可稱「夫人」，對有高級官銜的婦女，也可稱「閣下」。

對醫生、教授、法官、律師以及有博士等學位的人士，均可單獨稱「醫生」、「教授」、「法官」、「律師」、「博士」等。同時可以加上姓氏，也可加「先生」。如「卡特教授」、「法官先生」、「律師先生」、「博士先生」、「馬丁博士先生」等。

對軍人一般稱軍銜，或軍銜加「先生」，知道姓名的也可冠以姓與名。如「上校先生」、「莫利少校」、「維爾斯中尉

先生」等。有的國家對將軍、元帥等高級軍官稱「閣下」。

對服務人員一般可稱「服務生」，如知道姓名的可單獨稱名字。但現在有很多國家越來越多地稱服務員為「先生」、「夫人」、「小姐」。

對教會中的神職人員，一般可稱教會的職稱，或姓名加職稱。如「凱特神父」、「傳教士先生」、「牧師先生」等。有時主教以上的神職人員也可稱「閣下」。

有的國家還有習慣的稱呼，如稱「公民」等。在日本，對婦女一般不稱「女士」、「小姐」，而稱「先生」。

8. 中國古代表達年齡的稱謂

中國人的年齡表達方式是多種多樣的，在社交禮儀和家庭生活經常遇到。試舉例如下：

(1)用人生長變化各時期的身體特徵表示

黃童 —— 指幼年時期。

齠齔 —— 指 7、8 歲時期。

壯 —— 指 20 來歲時期。

二毛 —— 指頭花白的中老年交替時期。

垂白 —— 指老年將近。

白叟 —— 指老年時期。

白首 —— 指老年後期。

老蒼 —— 指老年後期。

黃髮 —— 指老年人高壽。

（2）用人在不同時期的服飾裝束特徵表示

褓褓 —— 指嬰兒時期。

垂髫 —— 指兒童時代。

總角 —— 指 10 歲左右的兒童。

結髮 —— 指 20 歲左右的人。

及笄 —— 指 15 歲的女子。

冠歲 —— 指 20 歲的男子。

（3）用自然界的事物比喻表示

黃口 —— 比喻嬰兒。

青春 —— 比喻年輕時代。

素秋 —— 比喻老年時期。

垂暮 —— 比喻晚年來臨。

鶴壽 —— 比喻高壽。

（4）根據人生不同時期的身體和精力條件來形容表示

芳年 —— 形容青少年時期。

妙年 —— 形容美妙的青少年時期，又稱「妙齡」。

盛年 —— 形容奮發有為的青壯年時期。

（5）用成句或成語作藏頭修辭後表示

志學 —— 表示 15 歲，如「十有五志如學」。

而立 —— 表示 30 歲，「如三十而立」。

不惑 —— 表示 40 歲，如「四十而不惑」。

知命 —— 表示 50 歲，如「五十而知天命」。

耳順 —— 表示 60 歲，如「六十而耳順」。

9. 親屬間的傳統稱呼

在中國古代封建宗法社會中，凡是血緣相近的同性本族和異性外族，都算親屬。其關係和名稱如下：

父之父為祖，古代稱王父，後來稱之為祖父；父之母為祖母，古代稱王母。祖之父母為曾祖父、母；曾祖之父母為高祖父、母。上五世即從本位起，上及父、祖、曾祖、高祖。

子之子為孫，孫之子為曾孫，曾孫之子為玄孫。下五世指本位起，下至玄孫。

父之兄為世父，父之弟為叔父。世父和叔父之妻稱世母和叔母（後來稱為嬸）。世父和叔父之子稱堂兄（弟）。父之姊妹為姑，後稱姑母，其夫稱姑父。

父之世父和叔父稱世祖父、叔祖父。父之世母、叔母稱世祖母、叔祖母。父之從兄弟稱為從祖父。從祖父之妻稱從祖母。從祖父之子稱為再從兄弟（後稱堂叔兄弟）。

　　兄之妻為嫂，弟之婦為弟婦。兄弟之子為從子，又稱為姪。兄弟之女為從女，又稱姪女。兄弟之孫為從孫。

　　姊妹之子為甥，後來又稱為外甥。

　　父之姊妹之子女稱中表，後稱為姑表。

　　母之父、母為外祖父、母，古稱外王父、母。外祖父之父母為外曾王父、母。母之兄弟為舅，後稱舅父，其妻為舅母，俗稱妗子。母之姊妹為從母，後稱姨母，簡稱姨，其夫稱姨父。姨之子女亦稱中表，後稱姨表。母之從兄弟為從舅。母之兄弟姊妹之子統稱為從母兄弟、從母姊妹。

　　妻之父為外舅，後稱岳父或岳丈、丈人、泰山，妻之母為外姑，後稱岳母、丈母或泰水。妻子之姊妹為姨，後稱姨子。妻之兄弟之子又稱妻姪。

　　夫之父為舅，又稱嫜，後稱公。夫之母為姑，後稱婆。夫之兄弟稱伯叔，後稱大伯、小叔子。夫之妹為小姑子。夫之弟婦為娣婦，夫之嫂為姒母，又稱妯娌。

　　夫之父母為妻之父母之間為婚姻，後來叫親家。古時指夫之父為姻，妻之父為婚。兩婿相謂為兩喬，後稱為連襟。

10. 現代家庭中對長輩的稱呼

家族稱呼，是表示家屬和親友之間關係的特定的名稱。
按照傳統習俗，現代的家庭中對長輩的稱呼主要有：

(1) 父系長輩

父親的祖父稱曾祖父、老爺爺或阿祖，自稱曾孫，曾孫女。

父親的祖母稱曾祖母、老奶奶或阿祖，自稱曾孫，曾孫女。

父親的父親稱祖父、阿公或爺爺，自稱孫，孫女。

父親的母親稱祖母、阿嬤或奶奶，自稱孫，孫女。

父親的哥哥稱伯父或阿伯，自稱侄，侄女。

父親的嫂嫂稱伯母，自稱侄，侄女。

父親的弟弟稱叔父或叔叔，自稱侄，侄女。

父親的弟媳稱叔母或嬸嬸，自稱侄，侄女。

丈夫的祖父稱祖翁或爺爺，自稱孫媳婦。

丈夫的祖母稱祖姑或奶奶，自稱孫媳婦。

丈夫的父親稱公公或爸爸，自稱媳婦。

丈夫的母親稱婆婆或媽媽，自稱媳婦。

丈夫的伯父稱伯父或大爺，自稱侄媳婦。

丈夫的伯母稱伯母，自稱侄媳婦。

丈夫的叔父稱叔父或叔叔，自稱侄媳婦。

丈夫的叔母稱叔母或嬸嬸，自稱侄媳婦。

祖父的哥哥稱伯祖父或爺爺，自稱侄孫、侄孫女。

祖父的嫂嫂稱伯祖母或奶奶，自稱侄孫、侄孫女。

祖父的弟弟稱叔祖父或爺爺，自稱侄孫、侄孫女。

祖父的弟媳婦稱叔祖母或奶奶，自稱侄孫、侄孫女。

祖父的姐姐稱祖姑母或姑奶奶，自稱內侄孫，內侄孫女。

祖父的姐夫稱祖姑父或姑爺爺，自稱內侄孫，內侄孫女。

祖父的妹妹稱祖姑母或姑奶奶，自稱內侄孫，內侄孫子。

祖父的妹夫稱祖姑夫或姑爺爺，自稱內侄孫，內侄孫女。

祖母的哥哥稱舅公或舅爺爺，自稱外甥孫，外甥孫女。

祖母的嫂嫂稱舅婆或舅奶奶，自稱外甥孫，外甥孫女。

祖母的弟弟稱舅公或舅爺爺，自稱外甥孫，外甥孫女。

祖母的弟媳稱舅婆或舅奶奶，自稱外甥孫，外甥孫女。

父親的姐夫稱姑夫或姑父，自稱內侄，內侄女。

父親的姐姐稱姑母或娘娘，自稱內侄，內侄女。

（2）母系長輩

母親的父親稱外祖父外公或阿公，自稱外孫、外孫女。

母親的母親稱外祖母外婆或阿嬤，自稱外孫、外孫女。

母親的兄弟稱舅父或舅舅，自稱外甥、外甥女。

母親的嫂子和弟媳稱舅母或妗子，自稱外甥、外甥女。

母親的姐夫和妹夫稱姨夫和姨丈，自稱外甥、外甥女。

母親的姐姐或妹妹稱姨母或阿姨，自稱外甥、外甥女。

（3）妻系長輩

妻子的父親稱岳父或爸爸，自稱婿。

妻子的母親稱岳母或媽媽，自稱婿。

妻子的伯父稱伯父，自稱侄婿。

妻子的伯母稱伯母，自稱侄婿。

妻子的叔父稱叔父，自稱侄婿。

妻子的叔母稱叔母，自稱侄婿。

11. 現代家族中對平輩的稱呼

現代在家庭中對平輩的稱呼主要有：

（1）夫系平輩

哥哥稱兄或哥哥，自稱弟、弟妹。

嫂嫂稱嫂或嫂子，自稱弟、弟妹。

弟弟稱弟或弟弟，自稱兄、嫂。

弟媳稱弟妹，自稱兄、嫂。

姐姐稱姐姐，自稱弟、弟妹。

姐夫稱姐夫，自稱內弟、內弟妹。

妹妹稱妹妹，自稱兄、嫂。

妹夫稱妹丈，自稱內兄、內嫂。

伯父、叔父的兒子稱堂兄或堂弟。自稱堂弟、堂妹、堂兄、堂嫂。

　　伯父、叔父的女兒稱堂姐或堂妹。自稱堂弟、堂弟妹、堂兄、堂嫂。

　　姑、舅、姨的兒子稱表兄或表弟。自稱表弟、表弟妹、表兄、表嫂。

　　姑、舅、姨的女兒稱表姐或表妹。自稱表弟、表弟妹、表兄、表嫂。

（2）妻系平輩

　　妻子的哥哥稱內兄或兄，自稱妹夫或弟弟。

　　妻子的弟弟稱內弟或弟弟，自稱姐夫或哥哥。

　　妻子的姐姐稱姐姐，自稱妹夫。

　　妻子的妹妹稱妹妹，自稱姐夫。

　　妻子的姐夫稱襟兄，自稱襟弟或弟弟；妻子的妹夫稱襟弟，自稱襟兄或哥哥。

三、
訪唔交談，愉快聊天

1. 客人說進門語的技巧

　　到了親友家門口，要先輕輕地敲門，或者短促地按一下門鈴。即使門開著，也應很有禮貌地問一聲：「×× 在家嗎？」或者「房間裡有人嗎？」不要貿然闖入，以免別人措手不及。

　　同主人見面後，要立即打招呼，然後再跟著主人進房。同主人打招呼也分幾種情況：

　　1. 你如果是初訪者，一般可以用這樣的話打招呼：「啊！一直想來拜訪，今天如願以償了！」或是說：「初次登門，就勞您久等，真不好意思！」關係比較密切的，可以隨便一點說：「哦，原來你就住在這裡！」或者「難得上門，叫你久等了吧？」

　　2. 你如果是重訪者，因為關係比較親密，打招呼就不必多禮，一般只需簡單地說一句「好久沒來看你了」即可，或者說「我們又見面了，我上次來，是一個月以前吧？」關係密切的，開個玩笑，也不乏幽默感：「我又來了，不討厭吧！」

　　3. 回訪大多出於禮儀或答謝，打招呼時要考慮這個特點，打招呼要有致謝的口氣。通常你可以這樣說：「上次勞您跑了一趟，我今天登門拜謝來了。」或這樣說：「您上次剛走，我就想，無論如何要到府上再謝謝您！」

初訪和回訪目的性一般較強，多屬禮儀性訪晤或事務性訪晤。相比之下，重訪雖然也有一定的目的（如聯絡感情、交流資訊等），但其隨意性較大。所以初訪、重訪、回訪的進門語，還要從禮儀性、事務性、隨意性方面去加以考慮。

4. 禮儀性訪晤大多與唁慰、祝賀、酬謝等有關，進門語每每要同有關的唁慰、祝賀、酬勞的內容連繫起來，比如初訪時，說：「一直沒有機會登門，今天給您拜年來啦！」或說：「好久不見，借你走馬上任的東風，給老朋友賀喜了。」回訪時可以說「上次家父過世，勞您大老遠地趕來，叫我一直於心不安」。

5. 如果你去作事務性訪晤，進門語就要從本次訪晤目的上去多考慮。如「××無事不登三寶殿，求您幫忙來了！」或者「小周，你要我辦的事，有眉目了。」但初訪一般不宜如此「開門見山」，進門語應多注重禮節，「己求人」的話語不必過於謙恭，別人求自己的時候，說話亦不可傲慢無禮。

6. 隨意性訪晤一般無拘無束，雙方關係又比較密切，所以進門語可有可無，想說什麼就說什麼。需要考慮的一點是，要講的話在門外說好，還是進屋說好。

「有朋自遠方來，不亦樂乎？」身為主人，對來做客的訪晤者的進門語，一定要熱情，或表示慰問、感謝。譬如，您可以說下面這一類話：「我也一直想在家裡同您聊聊，快請進！」與這類：「我也懶，好久沒到你那裡去。」或是：「哎

呀，上次已經打擾了，還讓您再跑一趟，叫我怎麼感謝您。」身為主人，一定要熱情大方，使客人無拘無束，賓主盡歡。

2. 主客寒暄的技巧

寒暄是人際交往中雙方見面時敘談家常的應酬語言，既不是虛情假意的客套，也不是脅肩諂笑的阿諛；它有助於人們互相了解，應當體現出對他人的真誠的關切。

在訪晤中，雙方坐定以後的寒暄語，可注意以下的幾個問題：

(1) 用共同話題來寒暄

話題應由雙方都熟悉或有興趣的事物自然引出寒暄的內容 —— 常常是天氣冷暖、工作忙閒、學習好壞、身體健恙、最近活動、朋友來往、親屬今昔等。但是，寒暄時具體談什麼，要有所選擇。訪晤雙方都要善於從貼近處挑選雙方均有興趣或均有鮮明感受的話題。譬如，天氣特別冷，你可從注意身體談起；對方近日獲獎，你可從工作、學習談起；身體有病，則從強身保健談起。總之，話題須出於自然，包括牆上掛曆，耳際音樂等，都可引起寒暄語。

寒暄語一定要突出選擇性，若對方對這一話題不感興趣，就要馬上考慮換個話題。

（2）建立認同心理

所謂「建立認同心理」，就是雙方要多尋找共同語言，以求得心理上的接近趨同。這樣，寒暄對整個訪晤活動，就是一個有推進作用的橋梁，談話才能自然而然地深入下去。請你看下面的例子：

甲：這幅畫是你自己畫的？畫得真不錯！

乙：你過獎了，我不過在業餘藝校學了幾天。

甲：你也進過業餘藝校？

乙：怎麼？聽口氣，你也不是外行。

甲：我在魯迅業餘藝校跟 ××× 老師學過畫。

乙：真的？太好了，我們都是 ××× 老師的學生！

這一段寒暄語，話不多，卻一下了使雙方縮短了心理上的差距，在感情上靠攏了，從而為雙方進一步晤談建立了良好的基礎。

（3）創造和諧氣氛

寒暄的目的，就是創造和諧氣氛。訪晤，如果缺乏一個和諧的氣氛，就不是一次成功的訪晤，甚至可以說失去了價值。所以，寒暄時，雙方的語言要誠懇，而不可虛情假意；要坦率，而不可吞吞吐吐；要自然，而不可賣弄做作。特別是，要由衷地關注對方的苦樂，急人所急，愛人所愛，並以相應的語言表達自己的真實情感。這樣，才有利於創造出越來越投機的和諧氣氛。

3. 善於打開聊天的話匣子

人際交往中，不善於聊天，那實在是一個相當尷尬的局面。找到恰當的聊天話題是打破這一尷尬局面最好的前提。

為了人生的快樂與幸福，如何巧妙地打開聊天的話匣子，不可不知，不可不學。

(1)聊天的話題就在你身邊

假如你在碼頭上碰見一個熟人，大家一起上船，一時沒有話說，這時最方便的辦法，就是從當前的事物，那就是雙方都同時看到、聽到或感到的事物中，找出幾件來談。在碼頭上，在船上，耳目所及，正有成百上千的事物，如果你稍加留意，不難找出一些對方可能感興趣的話題，也許是碼頭上面的巨幅的廣告啦，也許是同船的外國遊客啦，也許是海上駛過的豪華遊艇啦，也許是天空飛過的新型客機啦……甚至於在對方的身上，都可以找到談話的題材。如果他打的領帶很漂亮，你可以問他在什麼地方買的；如果他身上穿著「金利來（Goldlion Holdings Limited）」襯衫，你可以問他這種襯衫究竟好不好，和廣告上的宣傳是否相符；如果他手上拿著一份晚報，看到晚報上的頭條新聞，你可以問他對當前時局的看法，等等，不一而足。

如果你到了一個朋友家裡，在客廳裡看到孩子的照片，你就可以和他談談他的孩子；如果他買了一架新的鋼琴，你

就可以和他談談鋼琴；如果他的窗臺上擺著一個盆景，你就可以跟他談談盆景；如果他正患著牙痛，他就可以跟他談談牙和牙醫，關懷對方的健康，往往是親切交談的話題。

　　凡是這一類眼前的事物，最容易引起人們的注意，只要其中有一樣碰巧對方很有興趣，那麼，談話就可以得到延展的機會了。

（2）在聯想中切入話題

　　當我們的聊天中斷的時候，我們怎樣尋找新的話題呢？

　　在這種時候，不要心急，也不要勉強去找，否則會引起不必要的緊張，反而什麼也想不出來了。要知道我們的腦子，只要是我們醒著，它總是在活動著的。你沒有要它想，它還是不停地想，由東想到西，或者由天想到地⋯⋯這種作用，我們叫它做「自由聯想」。

　　譬如說，當我們看到書桌上擺著一盞燈，我們的腦子就會從「電燈」出發，很快地聯想到許多別的東西。

　　也許我們從「電燈」聯想到「發明」，從「發明」聯想到「電影」，然後是「演員」——「歷史」。

　　這一切，都是在瞬間發生的，也許只是半分鐘內的事。

　　如果我們繼續探究就可以發現，因為我們看見一個電燈，就聯想到它是愛迪生發明的，又由愛迪生想到我們看過的電影「愛迪生傳」，再由「愛迪生傳」想到科學影片，由

影片說到電影明星……，在剎那之間，我們已經有了不少交談的題材，讓我們選擇。

當然，話題有時引不起對方的興趣，但是只要我們不心急，不緊張，讓我們的頭腦在靜默中自由地去聯想，再過一會兒，我們就可能想到別的話題。

（3）圍繞中心由點及面

倘若你要更進一步，不想東談一點、西談一點，從一個主題跳到另一個主題，要想抓住一個主題，把它談得詳盡一點、深入一點、充分一點，那麼，也有一個好辦法，可以幫助你的思考。

這時你就不要讓你的思想自由地去聯想，如果已經有一個主題，可以引起對方的興趣，那麼，你就以這個題材為中心，讓你的思想圍繞著這個中心，盡量地去想與這個主題有關的東西，然後再就這些有關的東西分門別類，整理出鮮明的系統。

例如，你剛剛參觀過「自然藝術影展」，有了啟發性的聯想，已經找到一個使對方有興趣的題材 —— 植物。如果你想在這個題材上多停留一會兒，你就把「植物」作為中心，盡量去想與它有關的事物。

在這樣做的時候，你的頭腦也要保持著輕鬆活躍狀態，那麼，就會自然地想出許多與植物有關的事物，例如，熱帶植物、盆景，秋天植物如菊花等，就可以談到植物的研究與栽培……

　　如果你的中心題材是「樹」，你就可以想到風景樹，花果樹，著名的老樹，著名的大樹，與樹有關的成語，以及樹的各部分的用途……

　　如果你的中心題材是「交通」，那你就可以想到陸上交通、水上交通、空中交通以及交通工具如噴射機、火箭、太空船……

　　培養這種思考的習慣，那就無論任何的題材你都能把它分解又分解，分解出無窮無盡的細節，而每個細節都可以用來延展你的話題，豐富交談的內容。

　　倘若把你所想到的一切結合到你個人的生活經驗，那麼，你交談的內容就更真切生動了。每一個人的生活裡都有許多可以打動別人的事情，倘若其中有些事情正和大家談的題材有關，把它拿出來作為談資，這時，交談的內容就因為加進了個人的親身經歷的材料而更使人覺得有興趣。

（4）靈活地轉換話題

　　在交談中，靈活地轉換話題也是一件很重要的事情。即使一個最好的話題也會有興趣低落的時候，這時，善於交談的人就懂得在適宜的時機轉換話題，不使別人生厭。

　　轉換話題有三種很自然的方法：

1. **讓舊的話題自行消失。**當你覺得這個話題已經沒有什麼能繼續延展的時候，你就停止，不再在這方面繼續表示意見，讓大家保持片刻的沉默，然後就開始另一個話題。

2. 也可以在談話進行當中很隨便不經意地插入別的話題，**把舊的話題打斷**。但不要使人覺得太突然，也不要在別人還有話要講的時候打斷它。

3. **從舊的話題往前引申一步，轉換到新話題上。**例如，大家正在談一部正在上映的好電影，等到談到差不多的時候，你就說：「這部電影票房不錯，聽說又有一部新片就要開映。」新片又將吸引大家的注意力，這幾句話就把話題轉變了，可是大家的想法與情緒卻還是連貫著的，所以，這是個較為靈活妥善的辦法。

有時候，交談本身到了應該結束的時候，即使最有趣味的談話有時也會因為客觀條件的影響，非要結束不可。這時候，你要及時結束你的談話，讓大家高高興興地爽快地分手，不要等到對方再三地看表，不要忽略對方有結束交談的暗示。否則，無論你交談內容有多麼精彩，對方的心裡只有厭煩與焦急，不如讓交談在興會淋漓的時候停止。

4. 注意說話內容，也要注意說話方式

俗話說：「一句話能把人說笑，也能把人說跳。」那我們就要想方設法把人說「笑」，語氣親切，語調柔和，語言含蓄，措辭委婉，自然容易使人感到親切、愉悅。

談話時，所談之言易於入耳生效，有較強的征服力，往往能收到以柔克剛的交際效果。

（1）和顏悅色地說

　　當遭到有人火氣十足、無端向你撒氣時，如果你持謙讓態度，柔言相答，結果會「滅火消氣」，換來微笑。某市一家瓷器店裡營業員老王面對一位十分挑剔的女顧客，給她拿了好幾套瓷器，挑了半個鐘頭還沒選中。因顧客太多，他先照應別的顧客去了。這位女顧客以為冷落了她，便把臉一沉，大聲指責說：「喂，你這是什麼服務態度，你眼睛沒看見我先來嗎？為什麼扔下我不管？」她把鈔票往櫃臺上一扔，命令道：「快給我買，我還有急事！」這話真夠刺耳難聽的。如果遇上的是做事魯莽，不過過腦子的人，和她「較真兒」，非有一場「熱鬧」看不可。然而，老王並沒和她「一般見識」，他安排好其他顧客，和顏悅色地對她說：「請你原諒，我們店生意忙，對你服務不周到，讓你久等了，我服務態度不好，歡迎你多提寶貴意見。」老王這幾句真誠而謙讓的話一出口，那位女顧客的臉一下子紅了，轉而難為情的說：「我說得不好聽，也請你原諒。」老王以「和氣」對「火氣」，表面上「似水柔情」，實際上「力有千鈞」，產生了積極的效果。

　　「有理不在聲高」。話，並非說得有稜有角，咄咄逼人才有份量。像這種謙讓式說法，由於充滿了對人的尊重、寬容和理解，這本身就產生了一種感化力，從而引起對方心理變化。「火氣」遇上「和氣」，就失掉發泄的對象，自然就會降溫熄火。蘇聯教育家蘇霍姆林斯基說：「有時寬容引起的道

德震動比懲罰更強烈。」這說明，以寬容為特點的謙讓或說法有強大的征服力。

（2）綿裡藏針地說

當遇上有人無理取鬧時，你不必過分衝動，更不要破口大罵，理智的態度和委婉的談吐，能幫你轉危為安，戰勝對手。有這樣一個例子：一位戴花帽的姑娘在街頭碰上幾個輕浮青年，其中一位竟伸手摘下了她的帽子。面對挑釁，姑娘又惱怒又緊張，但她馬上冷靜下來，彬彬有禮地說：「我的帽子挺漂亮，是嗎？」「當然，它和你這個人一樣，真美。」男青年挑逗說。姑娘委婉地說：「你一定是想仔細看看，好幫你的女朋友買一頂吧？我想你絕不是那種隨意戲弄人的人。」

她話裡有話，溫和中深藏開導，委婉中包含鋒芒。「當然。」青年有幾分尷尬，不由自主的還了花帽，溜掉了。一場可能發生的危機就這樣被制止了。從中我們不但看到了姑娘的機智，而且對她的善辯能力留下印象。我們看到，從始至終姑娘沒說一句強硬的話，而是用含有「潛臺詞」的柔言軟語，巧於應對，成功地激發了對方的自尊、自愛心理。她用冷靜舉止，柔言軟語塑造了一個見多識廣，不容侵犯的強者的形象，使對方不敢輕舉妄動。從這裡我們可以領略到，委婉柔言所具有「柔中寓剛」的獨特威力。

（3）心平氣和地說

　　當你需要別人幫助時，你切莫用命令式的語氣，這樣也許會使你變得很難堪的。如果這時你心平氣和地說話，反而會使你達到目的。比如，妻子從公司回來，對正在看書的丈夫說：「今天我想加班做件衣服，你是不是去接孩子，再做做飯？！」這種尊重的商討口吻，對方是很樂意接受的。丈夫說：「行，我這就去。」這樣說法，不但達到了目的，而且使彼此關係和諧融洽。總之，如果使用命令強硬口吻會怎樣呢？我們看這個家庭，妻子：「喂，我今天要做活兒，你去接孩子，回來做飯！」丈夫一聽就火了：「你沒見我正忙著嗎？」妻子火了：「忙，就你忙，難道這個家都我包了？」一來二去兩個人吵了起來，各自裝了一肚子氣。這樣的例子在生活中不勝枚舉。從人們的能否接受的心理來看，盛氣凌人，頤指氣使，命令口吻，最易引起對方的反感；而對平等商討、誠懇請求，人們卻有一種天然的妥協性。因此，協商口吻比起命令口吻來，更容易改變一個人的觀點。在同事、家庭成員之間，應盡量採取這種方式。

　　我們知道，語言美，是心靈美的具體表現。「有善心，有善言」。一個心靈醜惡的人，語言絕不會美。因此，要掌握柔言說法，首先應加強個人的思想修養和性格鍛鍊。有句話說得好：心底無私天地寬。只有心地純正的人，胸懷才能寬廣，性情才能開朗。當發生矛盾時，才會嚴於律己，寬以

待人，有忍讓之心，不斤斤計較。當受到委曲時，才能忍辱負重，不反唇相攻，以眼還眼，以牙還牙。

當然，控制感情有時是很痛苦的事情。但是為了達到良好的交際效果，忍受這種痛苦是值得的、有益的。柔言談吐，在造詞用句，語調語氣上有一些特殊要求。比如，應注意使用謙敬辭、禮貌用語，以表示尊重對方的觀點、感情，引起好感，尤其是避免使用粗魯汙穢的詞語；在句式上，應少用「否定句」，多用「肯定句」；在用詞上，要注意感情色彩，多用褒義詞、中性詞，少用貶義詞，以減少刺激性；在語氣上，要和婉、文雅。同時，還要注意附以真誠微笑。微笑在交際中有重要的魅力。「微笑說真理」將使你成為最有影響力的人。

5. 客人說辭別語的技巧

辭別語，同進門語相照應。向主人表示感謝，請主人「留步」，如有可能要邀請對方來自己家做客。譬如，你可以說：「今天初次拜訪，十分感謝您為我花了這麼多時間！」說：「送客千里，終有一別，還是請回吧！」或說：「老同學，我走了，你什麼時候到我家坐坐！」需要注意的是，邀請對方需適可而止，不可勉強，不可含有責怪對方不來拜訪自己的意思，像「我總是到你這裡來，你什麼時候來我家」這類話，非知己不可說，免得給人留下「來得冤枉，不該來」的印象。

假如是事務性訪晤，辭別時，你不妨再有意點一下：「這件事就拜託你了，非常感謝！」禮儀性訪問，則不要忘記再次表示唁慰、祝賀或謝忱。至於主人，也要感謝來客的訪晤，誠懇邀請客人下次再來，也可以預約回訪時間。

最後，談一談訪晤的幾個注意事項：

🗨 如萬不得已，作了不速之客，要向主人致以歉意，一見面就要說：「真抱歉，沒打招呼就跑來了」；

🗨 訪晤時交談的用語和口氣，要顧及對方的輩份、地位等，要看互相的關係，不可生搬硬套，不合時宜；

🗨 訪晤見面時，常常需要介紹；

🗨 拜訪者不要忽略同主人的親屬適當交談；

🗨 如果是集體訪晤，不要一個人搶著說話，要讓大家有開口的機會；

🗨 對受訪者敬菸不要忘記表示感謝，如果自己要抽菸，就說：「對不起，我可以抽菸嗎？」如果是交情不錯的朋友，也不必太拘禮；

🗨 遇到另有來客，應「前客讓後客」，說：「你們談吧，我先走一步了」。

四、
把握話題，談情論道

1. 精選談話的話題

談話中要選擇那些容易引起別人興趣的話題，而那些不吸引人的話題最好少談，這樣才能使交談深入下去。有人歸納了 7 種常見「熱門」話題：

1. 人們往往留意與自身利益密切相關的訊息；
2. 人們對與自己的角色、志趣、經驗相關的訊息特別關注；
3. 人們容易接受具有權威性的訊息；
4. 人們總是喜歡選取以肯定形式出現的訊息；
5. 人們希望獲得新奇的訊息，而不愛聽老生常談；
6. 人們對某些特殊的消息特別感興趣；
7. 人們對越是為社會和他人所禁錮、保密的訊息越是想知道。

以上幾種話題只是一般性的規則，在具體選擇時還要顧及會話對象，與不同對象交談要選擇不同話題。每個人都有自己的具體情況，諸如地位、素養、身分、職務、興趣、氣質、性格、習慣、經歷等均各有不同，從而決定了他們選擇話題有不同標準和需求，譬如，老年人喜歡議論過去，青年人則偏於憧憬未來；男人熱衷於競爭、比賽、時事等話題，婦女卻對時裝、商情、家庭之類話題更感興趣；知識分子以「談笑有鴻儒」為樂，文化低的人並非以談論山野村俗為恥⋯⋯這都說明了話題的選擇要根據談話對象而定。

精選話題的目的是為了使談話能深入下去。一個話題，

首先只有讓對方感興趣，會話才有維持和繼續進行的可能。好比自己是球迷，就切莫以為別人都是球迷。否則，如果只是從自己的興趣出發，逢人必談球賽，難免使別人感到索然無味，喪失興趣。

　　人生活在這個世界上，生理、心理上都有各式各樣需要會話的話題，應當盡可能地從某一方面去滿足對方的需求，並以此為前提，同時也盡可能滿足自己的需求。一位作家對自己的作品受到讚揚，或對讀者誠摯的提問，永遠不會厭煩，因為他看到自己的價值，受到讀者的尊重；一位歌迷，不會拒絕關於音樂的交談，因為這個話題滿足了自己審美的需求……。美國女記者芭芭拉．華特斯初遇美國航空業界巨頭亞里斯多德．歐納西斯時，他正與同行們熱烈討論著貨運價格、航線、新的空運構想等問題，芭芭拉始終插不上一句話。在共進午餐時，芭芭拉靈機一動，趁大家談論業務中的短暫間隙，趕緊提問：「歐納西斯先生，你不僅在海運或空運方面，甚至在其它工業方面都取得了偉大的成就，十分令人震驚。你是怎樣開始的？當初的職業是什麼？」這個話題叩動了歐納西斯的心弦，使他撇開其他人，同芭芭拉侃侃而談，動情地回溯了自己的奮鬥史。這就是一個好話題的「威力」，它激發了對方的榮譽感、自豪感。可見，一個話題如果能在某個方面滿足對方的需求，就能促使對方侃侃而談，也同時滿足了談話者的某種需求。每個人都需要別人的關懷

和幫助，所以關心對方也是個永遠受歡迎的話題。有一位女記者，曾與伊麗莎白女王在雞尾酒會作過簡短的交談。一開始，她就問女王，昨天是否在風雨中視察過鐵礦。這使女王十分驚訝。原來，女王的外衣染有紅褐色，經女記者提醒才發覺。由於交談從關心人的話題開始，自然引起女王的好感，使這次交談獲得成功。生活中，同病人談談治病強身的事情；同家長談談培養子女的方法；同青年人談談今後如何發展；同主婦談談安排生活的訣竅；同學生談談提高成績的技能……這些話題無一例外都是愉快的。

精心選擇話題，除了注意對方的需求外，還要小心避開「雷區」，盡量選擇那些「安全係數大」的話題，所謂「安全話題」，可以從兩方面談起：

首先，不要不識深淺，誤入禁區。可以說，每個人都有自己的話題禁區，不容他人擅入。譬如，個人隱私、隱癖、行為不便人士的生理缺陷等，這一類內容應當有意避諱。不然的話，其後果輕則損害交談，重則傷害感情，甚至導致對立或關係破裂。

其次，避開可能引起對方傷感或誤解的敏感話題。話題除了有若干「禁區」，還存在「敏感地帶」，會話中也應當小心避開。譬如，同失戀者忌談愛情與婚姻問題；同不幸者忌談他遭受不幸的往事，甚至旁人的不幸也會引起不幸者同病相憐的痛楚；同行為不便人士的親屬交談，最好不要提起他

家庭中那一位不便人士等等。有時，對醫生、律師等會話對象，也不宜動輒請教自己什麼病該怎麼醫治，什麼糾紛應怎麼處理。過分具體的專業問題在他們八小時以外的時間裡，往往也是不願涉及的話題。在國外，當孩子已經長大同父母分離時，甚至孩子這個話題都成為禁忌；同要人交往，賓客間往往忌談政治、宗教和性的問題。正因為「敏感問題」很難處理，所以要盡可能繞道而行。

選擇話題除了要看人之外，還要注重氛圍，因為會話在一定場合、情境之中進行，話題應當和氛圍協調，不協調的話題，不但煞風景，而且可能損害人際關係。喜慶的氛圍，不能容納令人傷感或者通常認為不吉利的話題；悲哀的氛圍，不能容納令人噴飯的話題，也不宜以婚戀喜慶為話題。這都是人盡皆知的常識。其他如莊嚴、歡快、靜穆、隆重、詼諧等各種不同的氛圍，都有各自的適當話題，若不識大體，極可能鬧出矛盾。

選擇話題之前，談話者要多考慮其可能的結果。會話是一種心理溝通、是思想感情交流，應當有利於解決問題、推動工作、增進了解、發展友誼，從而令人心情愉悅。誰都不樂意同悶悶不樂的人交談，同樣，誰都不希望會話使人悶悶不樂。所以，選擇話題，要考慮它是否會給雙方帶來愉悅。

一個好的話題能滿足對方的需求，更好的話題能使雙方受益，俗話說：酒逢知己千杯少，話不投機半句多。會話中，

有益於雙方的共同語言，應當多多益善。一般說來，具有相似性因素的話題，最易於為雙方共同接受。這種共同話題往往具有地域相似、經歷相似、職業相似、年齡相似、處境相似、志趣相似、文化相似、習慣相似等特點。初次相見的人，特別適合從中尋覓話題。又如，人們在會話中往往希望互相了解，因此，有時就有各人談談「自己」的必要。由談談「自己」而加深了解，雙方又可以找到更多的共同語言，從而擴大了選擇話題的範圍，使交談更加深入。談談「自己」的前提是假設對方與自己經歷相似，有了解自己的心願。若不是這樣，還是及時轉換話題為好。

2. 交談的常用技巧

由於交談的內容、目的、背景、對象的複雜性，還需要交談者靈活運用口語規律，掌握多種交談策略和方法，才能使交談取得更好的成效。

(1)談話要有幽默感

幽默風趣是睿智的體現，是一個人的思想、學識、智慧、靈感在語言中的反映。培根說過「善談者必幽默」，但幽默的具體運用並非易事。幽默構成的方式很多，主要有：自我嘲諷，張冠李戴，旁敲側擊，順水推舟，諧音雙關，借題發揮等等。

又如，有位女同學特別愛笑，一次學校校長批評她：「你真是愛笑啊！」她說：「你這裡是學校（笑）嘛！我是到這裡來了以後才學會笑（校）的。」這就是諧音雙關。

在公共場合，你不留心說錯了一句話或辦錯了一件事難免會出現令人尷尬的局面。這時，假如你顯得局促、緊張、惶恐，切記不必掩飾自己的過失，更用不著轉移目標，只要靜下心來說一個有關過失的小幽默就行了。例如，一位女青年本想在自己的訂婚宴會上替未婚夫和親友留下一個好印象，但由於心情緊張，碰倒了燈架，燈架又碰倒了小桌，她也跌跌撞撞地摔倒在小桌旁，弄了個四腳朝天。她的未婚夫說道：「沒關係，原來你也會玩西洋骨牌！」這不僅緩和了使人難堪的場面，而且給未婚妻留下了一個有幽默感的好印象。一句幽默的話造成了巨大作用。

使談吐富有幽默感也有助於事業的成功。譬如，有一個公司的電話員，工作主要是不停地應付客戶，接電話、做記錄，在職員和經理之間傳達訊息。有個不知姓甚名誰的人打電話來，用命令式的口氣說：「我要和你們的經理說話。」她便客氣地問道：「能否告訴我你是誰？」那人話中帶著火氣，嚷道：「快給我接你們的經理，我要立即同他說話！」她只好溫柔和委婉地說：「很抱歉，經理的電話都是我『過濾』後再要他接的。」那人只好自報家門，把自己的姓名和電話號碼告訴她。後來，她把這件事告訴了經理，經理大笑了起

來，說她做得好，從而使她與經理保持了良好的關係。這是用幽默靈活的方式成功地處理好人際關係的小例子。由此我們可以想到，談話有幽默感的人比較容易獲得成功。在親朋好友之間聚談，也需要幽默活躍氣氛。

在家庭幽默中，要促進家人相親相愛，你不妨用那些飽含關懷與愛護的幽默力量來試一試，這種幽默具有軟綿綿的溫和作用，溫暖人心的言行能使人們感到心情舒暢和愉快，感受到生活的美好。例如，邱吉爾在談到自己的夫人時說：「我覺得一生中最為輝煌的成就，是我說服我的妻子嫁給我。」杜魯門當選美國總統之後，有人訪問他的母親。客人笑著說：「有了哈瑞這樣的兒子，您一定感到很自豪。」「是的，」杜魯門總統的母親回答，「同時我也為另一個兒子感到驕傲，他現在正在外面種地。」英國的溫莎公爵，即原來的愛德華八世，他為愛情放棄了王位。有一次公爵和幾位朋友談論如何能使夫人們感到愉快，他說：「應當承認，在這一方面我比你們各位都更為有利。在遇到困難的時候，如果能提醒夫人說正是為了她我才放棄了王位，那對於解決困難是很有好處的。」

（2）適時地讚美

讚美對方是交談的一種策略。它能夠刺激人的自尊自信，引起對方的興奮和愉快。沒有人不喜歡別人真心實意的讚美。

讚美要見機行事，切合實際，不要陷於阿諛奉承，使人

懷疑你另有目的。如到別人家裡交談，可讚美房間布置別出心裁，或佩服主人藏書豐富，或欣賞壁上字畫高雅，或驚嘆盆景花卉精巧……以此贏得主人好感，創造良好交談氣氛。

對人的讚美，要注意詞語的選擇，要著重稱讚其風度魅力，對女性：胖的可說「豐滿」，瘦的可說「清秀」，身段好的可說「苗條」，多言好動的可說「活潑開朗」，沉默寡言的可說「文靜端莊」，頭髮濃黑的可說「一頭秀髮」，聲音清脆的可說「一副好歌喉」。對男性：高大的可說「魁偉」，瘦小的可說「精悍」，講究儀容的可說「莊重」，比較隨便的可說「瀟灑」，性格優柔的可說「穩重」，容易衝動的可說「果斷」，愛說愛講的可說「快人快語」，不善言談的可說「不露聲色」等等。讚即誇獎，美在言詞，詞語選擇恰當了，才能收到好的效果。

但是，稱讚也有「度」的限制，要講究針對性，以下四個方面要留心：

1. 讚美別人時態度必須真誠，虛情假意的讚美是奉承，容易適得其反，甚至引起對方的反感；

2. 讚美他人最好針對行為，而不是他本人，含而不露，效果更佳；

3. 讚美別人要恰到好處，譽詞過分容易使人誤解，或使對方感到受之有愧，效果就大打折扣了；

4. 讚美什麼必須心中有數，如果出現差錯，別人勢必辯解，甚至引起不必要的糾紛，會使雙方難堪。

3. 以理服人很重要

　　美國總統威爾遜講過：「假如你握緊兩手的拳頭來找我，我想我可以告訴你，我會把拳頭握得更緊；但假如你找我來，說道：『讓我們坐下商談一番，假如我們之間的意見有不同之處，看看原因何在，主要的癥結點在什麼地方？』我們會覺得彼此的意見相去不是十分遠。我們的意見不同之點少，相同之點多，並且只須彼此有耐性、誠意和意願去接近，我們相處並不是十分難的。」

　　某工程師嫌房租太高了，要求減低一點，但是他曉得房東是一個極固執的人，他說：「我寫給房東 1 封信說，等房子合約期滿我就不繼續住了，但實際上我並不想搬家，假如房租能減低一點我就繼續租下去、但恐怕很難，別的住戶也曾經交涉過都沒成功。許多人對我說房東是一位很難對付的人。可是我自己心裡想：『我正在學習如何待人這一課，所以我將要在他身上試一下，看看有無效果。』

　　「結果，房東接到我的信後，便帶著他的租賃契約來找我，我在家親切招待他。一開始並不說房租太貴，我先說如何喜歡他的房子，請相信我，我確是『真誠的讚美』。我表示佩服他管理這些房產的本領，並且說我真想再續住 1 年，但是我負擔不起房租。

　　「他像從來不曾聽見過房客對他這樣說話。他簡直不知

道該怎樣處置。隨後他對我講了他的難處，以前有一位房客寫過 40 封信給他，有些話簡直等於侮辱，又有一位房客恐嚇他說，假如他不能讓樓上住的一個房客在夜間停止打鼾，就要把房租契約撕碎。他對我說：『有一位像你這樣的房客，心裡是多麼舒服。』繼之不等我開口，他就替我減去一點房租。我想能多減點，我說出所能負擔的房租數目來，他二話不說就答應了。」

「臨走的時候，他又轉身問我房子有沒有應該裝修的地方。假如我也用別的房客的方法要求他減房租，我敢說肯定也會像別人一樣遭到失敗。我之所以勝利，全賴這種友好、同情、讚賞的方法。」

有一段關於風和太陽的神話。風和太陽爭執誰的力量大，風說道：我能證明我的力量大，看，地下正走著一個老者身披大衣，我能比你更快地使他把大衣脫掉。

於是太陽躲進烏雲裡，風使出他的威力狂吹，但是風吹得越大，那老者越用手拉緊他的大衣。

最後風筋疲力盡了，停止了。太陽從雲彩裡走出來，開始對著那老者和氣地笑。不久那老者便用手拭他前額的汗並將大衣脫去。於是太陽對風說：「仁慈和友善永遠比憤怒和暴力更為有力。」

這是個有趣的寓言，但願也能給你一些深刻的啟示。

4. 掌握問話的技巧

我們生活的每一天都離不開提問，精妙的提問不僅可以使你獲得資訊和知識，同時還可幫助你了解對方的需求和追求，從而達到人與人之間的溝通、交流和互助，促成事業的成功。當然，提問是離不開口才的，同樣的一個要求，若用不同的話提問，收到的效果肯定不一樣。

那麼，用什麼樣的話提問才能收到好的效果呢？

(1)注意因人而異

俗話說：到什麼山唱什麼歌。同樣，提問也應見什麼人發什麼問。這是因為：

首先，人有男女老幼之分，該由老人回答的問題，向年輕人提出就不合適，該向男性提出的問題，也不能叫女性來回答。如果對一位正感嘆年華似水、老之將至的女士提出一個看似很平常的問題：「您今年多大年齡？」儘管你毫無惡意，也定會惹得她惱怒不已。

其次，每個人都有自己獨立的性格特點。有人性格特別外向、性情直率，對任何問題幾乎都能談笑風生，暢所欲言；有人寡言好思，情緒不外露，但態度較為嚴肅；也有人訥於言辭，孤僻自卑，對任何問題都很敏感，甚至有點神經質。對性格特別外向的人，儘管什麼問題都可以提，但必須注意要問得清楚明白，不要把問題提得不著邊際，否則很容易使

談話「跑題」;對寡言好思的人,要開門見山,簡潔明了,提問要富有邏輯性,盡量提那種「連鎖式」問題。比如:「你為什麼會這樣呢?」、「後來呢?」等等。這樣可以促使他源源不斷、步步深入地談下去;對那種敏感而又訥於言辭的人,要善於引發,不宜一開始就提冗長、棘手的問題,通常以他喜歡的話題,由淺入深據實發問,啟發他,讓他把心裡話說出來,但必須注意,絕不能向他提出令人發窘的問題。

第三,人的知識水準和所處的社會環境各有差異。因此必須仔細觀察、了解對方身分,把問題提得得體,不唐突、莽撞。如果你跑去問一名並不熟悉烹飪技術的宇航飛行員,應該如何烹製才能使做出的菜美味可口?就肯定不會如願以償。這表明,提出的問題必須根據對方的知識水準、職業情況及社會地位等進行合理分配,該問甲的不要問乙,該問乙的不要問丙。

(2) 掌握最佳時機

提問並不像逛大街、上市場那樣隨時都可進行,有時提問時機掌握得好,發問的效果才佳。有兩個過去很要好的朋友都剛剛才上工作崗位,一個偶然的機會他們相遇了,互相詢問:「你們公司待遇怎樣?你薪水多少?談戀愛了嗎?」顯得既親熱自然,又在情理當中。但是,如果一位姑娘經人介紹與一位從未見過面的年輕人談戀愛,公園門口兩人準時

赴約了，沉默了一會兒，姑娘抬起頭來問：「你談過戀愛嗎？工作輕鬆嗎？薪水多少？」其結局就可想而知了。

一般來說，當對方很忙或正在處理急事時，不宜提瑣碎無聊的問題；當對方正專心欣賞音樂、文娛節目或體育比賽時，不宜提與這支音樂或這場文娛節目或體育比賽無關的問題；當對方傷心或失意時，不宜提太複雜、太生硬、會引起對方不愉快的問題；當對方遇到困難或麻煩，需要單獨冷靜思考時，最好不要提任何問題。

（3）問題提得具體

那種大而廣泛的問題，往往叫對方摸不清頭腦，因而也就不可能回答好。相反，問題具體了，反而可以引導對方的思路，從而得到滿意的回答。

（4）講究邏輯順序

如果你要就某一專題性問題去請教別人，則必須按事物的規律，先從最表面、最易回答的問題問起，或者先從對方熟悉的事問起，口子開得小些，然後逐漸由小到大，由表及裡，由易到難提出問題，並注意前後問題間的邏輯性。這樣才有助於問題的逐步深入，並便於對方回答，不至於一開口便為難卡殼。同時，也有助於自己理解對方的談話，便於從中總結出規律性的東西。

(5)保持靈活態度

發問不僅僅是口才的問題，還是一個人的思維能力問題。提出一個問題後，你要仔細聆聽對方的談話，並注意觀察對方談話中的一切細節，積極轉動腦筋，去發現新的問題、新的疑點，並立即抓住，追問下去，弄個水落石出。此外，你還要注意對方回答問題的態度，一旦發現他避開某些東西，你可以打斷他的話，試探他的反應，也可以用眼睛帶著雙關的意義盯住他，持續一段時間，直到使他變得不安為止。這時，他往往會在無意中脫口說出你最希望得到的東西。

(6)準備多種提問方式

同一個問題，必須準備多種提問方式。提問方式一般分以下幾種：

正問：開門見山，直接提出你想了解的問題。

反問：從相反的方面提出問題，令其不得不回答。

側問：從側面人手，透過旁敲側擊，迂迴到正題上來。

設問：假設一個結論啟發對方思考，誘使對方回答。

追問：循著對方的談話，打破沙鍋問到底。

應該知道，不是任何人一開始就願意如實回答你所提的問題的，他們往往借「無可奉告」、「我也不大清楚」等詞來推託你的問題。所以，應該準備多種提問方式。當他堅決

表示無話可說時，你就裝成誤解了他的樣子，轉而用另一種方式提問，如此反覆。如果他拒絕回答，你可以設想一個令其為難的結論，請他指導，一旦他開了口，你就可以步步緊逼，追問到底了。

(7)措辭要得體

為了表達明確，避免造成麻煩和誤解，提問時仔細選詞擇句是很重要的。我們必須尋求最佳的表達方式。諸如「你有什麼理由可說？」這類問題，很容易引起對方的不快，但如果換一種措辭：「你對此事有何感想？」就可以使談話繼續下去。

(8)語氣和語調親切自然

必須時刻記住：對任何人提任何問題都要努力製造一種親切友好、輕鬆自然的氣氛，絕對不可以用生硬的或審訊性的語氣和語調。否則，不但容易影響對方的情緒，還會破壞雙方之間的關係，導致提問的徹底失敗。

5. 答話的若干種策略

除了掌握問話的技巧，還需要對答話進行必要的訓練，否則一語不慎，可能落入對方的陷阱或使朋友失和，感情疏遠。

答話是對提問的反饋，一般不要隨便地問什麼答什麼，而是要盡力改變自己的被動地位，巧妙作答。

下面介紹幾種常用的答話策略。

（1）答非所問法

在答話時巧妙地改變對方問話的重點，不必做簡單的肯定或否定。此法可避免自己陷入被動。例如，有位家長問班主任老師：「我那孩子的成績怎樣？」老師答道：「如果抓緊些，這孩子的成績會好的。」這種回答既含蓄又得體，家長聽了也滿意。

（2）誘導引答法

當別人提問時，自己不便回答，可反過來向對方提問，誘導對方作出回答。此法也稱「圍魏救趙」。例如，有位在國家軍事科學研究機構工作的人，朋友向他打聽科學研究情況，他沒有表態，而是問這位朋友：「你能保密嗎？」朋友說：「那當然。」這個人說：「你能我也能。」這就是用誘問的方式，引導對方說出了自己要說的話。

（3）含蓄作答法

當對方提出敏感的問題而正面回答不便時，可以考慮委婉含蓄的回答，既能釋疑，又顯得體。例如，有人問名作家黃宗英，是否準備再結婚？黃答：「我已經嫁給了大海，就

不準備嫁給小河了，要嫁就得嫁給汪洋。」這一比喻暗示她不會輕易再婚。回答得既含蓄又巧妙。

(4)突破限制法

有的問話暗中限制了回答內容，甚至是別有用心設下圈套，回答時就要突破限制，別掉入圈套。例如，有人這樣問：「你最近沒打老婆了吧？」回答「是」或「否」都不妥當，就需要這樣回答：「我從來都沒有打過老婆。」既突破了限制，又未離開話題。

(5)反射矛頭法

對方不懷好意，想用提問使你難堪，自己又不便反唇相譏，就可以直言揭露，抓住對方問話中隱藏的圈套予以反擊，迫使「矛頭」反向而行。

(6)以虛制實法

有時對方的提問雖不是故意找碴，但要回答起來內涵較深，短短幾句不容易說清楚，這時就不必實言相告，而是以虛言應之。

(7)反芻應答法

先順著對方的問話應下來，然後按照問話中的邏輯，將問題「原物奉還。」例如，某公司會計小王問同事小李：「你每月的薪水都交給夫人保管是嗎？」「是呀！」「怎麼你這樣

能幹的人也犯『妻管嚴』了呢？」小李笑著說：「此言差矣！在家我也是會計，她是出納，會計不直接管現金，出納開支錢不向我會計報帳行嗎？」小李巧用會計、出納職責上的邏輯思路，將小王說他是「妻管嚴」的問題反回去了。

(8)移花接木法

　　以通俗易懂的答案去回答某些不便直說又難以說清的問題。例如，某君生性甘於淡泊，不願追逐名利，因此工作幾10 年仍是一般職階。有人問他：「你幹了這麼多年也沒撈上個一官半職，不覺得遺憾嗎？」此君笑道：「可不是嗎！糯米到底釀不出高粱酒來，也沒啥值得大驚小怪的嗎！」對方聽了釋然一笑，更加了解和欽佩此君。回答別人的提問除了以上技巧之外，還有一種最普通、最常用的方法，適用得當往往能收到最好的效果，這種方法就是「直言快語法」。

　　直言快語是人們在生活工作中常用的一種交談方式。這種方法有兩個特點：一是陳述事情直截了當，有一是一，有二說二，不曲不偏，真實可靠；二是表明態度，心口如一，旗幟鮮明，不拐彎抹角，不見風使舵。這種直來直去的交談方式，在機關團體及企業部門內部，在上下級或同事之間，在真誠的朋友之間更能顯示出它的感人之處。

　　當你請求別人幫助時，直言能取得對方的理解，獲得支持。當需要用交談處理棘手問題時，直言能顯出自己公正鮮

明的立場，得到大家的理解，受到交談者的歡迎。還要注意，在交談中運用直言快語是有條件的。

凡是有利於對方理解自己的用意，有利於解決問題，而不致產生誤解，引發、激化矛盾時，才可以直言表達。另外還要看交談對象，因人而異。對於心胸開闊、性格開朗、有一定知識教養的人，才可以直言相告；對於性格內向、性情急躁，或者對自己有誤解、有成見的人，不宜採用直言快語，否則可能產生不良後果，或更加激化矛盾。

6. 掌握好插話的藝術

生活中許多人過分相信自己的理解和判斷能力，往往不等別人把話說完，就中途插嘴，這種急躁的態度，很容易造成損失，不只弄錯了問話意圖，中途打斷對方，也有失禮貌。

在與人聊天時，中途插嘴不對，但一言不發也不對。對方說到關鍵的時刻，說完後，你只看著對方，而不說話，對方會感到很尷尬，他會以為沒有說清楚而繼續說下去。所以，掌握好插話的分寸很重要。

有些人在別人說話時，唯唯諾諾，彷彿都聽進去了，等到別人說完，卻又問道：「很抱歉，你剛才說些什麼？」對他來說也許只是一時心不在焉，聽漏了重點，對說話的人卻是件很失禮的事。

傾聽對方說話的神情也很重要。聽別人說話時，眼睛卻

望著地下，或嘴巴微張，呆呆地聽，甚至重複發問好幾次，都會給人留下不好的印象。

人們常會輕率地問：「剛才這個問題的意思，能解釋一下嗎？」或者不經大腦就說：「我不太了解剛才這個問題的意思。」這些話都不算得體，你不妨這樣表示：「據我聽到的，你的意思是否這樣呢？」

即使你真的沒聽懂，或聽漏了一兩句，也千萬別在對方說話途中突然提出問題，必須等到他把話說完，再提出：「很抱歉！剛才中間有一兩句你說的是……嗎？」如果你是在對方談話中間打斷，問：「等等，你剛才這句話能不能再重複一遍？」這樣，會使對方有一種受到命令或指示的感覺。

俗話說：「聽人講話，務必有始有終。」但是能做到這一點的人卻不多。有些人往往因為疑惑對方所講的內容，便脫口而出，「這話不太好吧！」或因不滿意對方的意見而提出自己的見解，甚至當對方有些停頓時，搶著說：「你要說的是不是這樣……」由於你的插話，很可能打斷了他的思路，要講些什麼他反而忘了。

中間打斷對方的話題是沒有禮貌的行為，有時會產生不必要的誤會，說不定對方會想：那麼你來講好了。

一個精明而有教養的人與人交談，即使對方長篇大論地說個不休，也絕不會插嘴，這說明打斷他人的言談，不僅是不禮貌的事，而且什麼事情也不易談成。

在宴會、生日舞會上，我們時常可以看到朋友正和另外一個不認識的人聊得起勁，此時，每個人都存有加入進去的想法。而實際上呢？你只不過是想聽聽他們到底在講些什麼罷了。

但是，一方面你們不知道他們的話題是什麼，而且你突然地加入，可能會令他們覺得不自然，也許因此而話題接不下去，會覺得你很沒禮貌，也因為你這位不速之客，導致自己和朋友的恥笑。

如果碰到這種情況，你最好等他們說完再過去找你的朋友，即使真有事必須當時告訴他，給他一些小小的暗示，他就會找機會和你講。

有一點要注意，不要靜悄悄地站在他們身旁，好像在偷聽一樣，盡可能找個適當機會，禮貌地說：「對不起，我可以加入你們嗎？」或者，大方地、客氣地打招呼，叫你的朋友介紹一下，就能很自然打破這個情況。千萬不要打斷他們的話題，也不要製造尷尬的氣氛。

7. 耐心地傾聽，容易拉近彼此距離

一個謙虛冷靜的傾聽者，不但到處受人歡迎，且會逐漸知道許多事情，結識很多人。而一個喋喋不休者，像一隻漏水的船，每一個搭客都想趕快逃離它。

在談話的過程中，如果能耐心地傾聽對方說話，這就等於向對方表示了你的興趣，等於說是告訴對方「你說的東西很有價值」，或「你很值得我結交」。無形中，你讓說者的自尊得到了滿足，使他感到了自己說話的價值。反過來，說者對聽者的感情就會發生一個飛躍，「他能理解我」、「他真是我的知己啊」，於是，二人心靈的距離縮短了，交流使兩人成了好朋友。

那麼如何做一個聽話能手，在交際場合中大展魅力呢？

首先要認知到認真聽是最重要的。認真而仔細地傾聽對方談話，是尊重對方的前提，有了前提才會有真誠的交流。接下來，友好而熱情地對待對方並且不時給對方以鼓勵，也是尊重對方的重要內容。在北京一家大商場發生了這樣一件事，一位顧客前幾天買了一件西服，因為它脫色而要求退貨，但是售貨員不肯，於是兩人爭執了起來，鬧得很不愉快。這時，經理聞聲趕來了，幾句話就使言語激動的顧客恢復了平靜，最後爭執得到了妥善的解決。他的方法只是傾聽，顧客和售貨員對剛才的事都有滿肚子怒氣。經理為了表示尊重顧客，讓顧客先說，他站在一旁靜靜地聽。然後讓售貨員說，經理也是站在那裡靜靜地傾聽。兩個人的意見都得到了經理的認真對待，因此二人都感覺剛才失去的自尊多少換回了一些，因此氣也平了許多，對「西服脫色」這一事件也開始客觀認真地對待。經理再自責一番，向顧客表示，

剛穿上這種西服，感覺上顏色是會變些，但過了一段時間，顏色就會開始固定，並希望顧客不要退，拿回去試一試，2週以後若再脫色，商場保證退換。這位顧客終於拿著西服走了，後來再也沒來退貨。

看來做一個謙虛忍耐的聽者，是談話藝術當中一項相當重要的條件。因為能靜坐聆聽別人意見的人，必定是一個富於思想和具有謙虛柔和性格的人。這種人在人群之中，起初也許不大受注意，但最後則是最受人尊敬的。因為他虛心，所以，為任何人所喜悅；因為他善於思考，所以，成為眾人所信仰。那麼，怎樣做一個良好的聽者呢？第一是要真誠。別人和你談話的時候，你的眼睛要注視著他，無論對你說話的人地位比你高或低，眼睛注視著他，是一件必要的事情。只有虛浮，缺乏勇氣或態度傲慢的人才不去正視別人。別人對你說話時，不可做著一些絕無必要的小動作，使對方認為他的話無關緊要。

上面說明了「多聽」的重要，接下來談談「少說」。少說不是不說，不是忽視口才的威力，少說是因為言多必失，是要避免言之無物。

一個說話極隨便的人，一定沒有責任心。話多不如話少，話少不如話好，多言不如多知，即使千言萬語，也不及一件事實留下的印象那麼深刻。多言是虛浮的象徵，因為口頭慷慨的人，行動一定吝嗇。有道德的人，絕不泛言；有信

義者，不必多言；有才謀者，必不多言。多言取厭，虛言取薄，輕言取侮，唯有保持適當的緘默，別人將以為你是一位哲學家。

和別人談話絕對適量，無把握的事不要亂開口，以免給人留下淺薄的印象，尤其當有陌生人比我們有經驗和更多了解的人在座時，因為我們多說了，便是不打自招，揭露了自己的弱點及愚蠢，並失去了一個獲得智慧及經驗的機會。

人們常常認為說得少而且說得好的人是紳士。因此，在我們的人生中，有兩種訓練是不可少的，那就是沉默與優美而文雅的談吐，如果我們不會機智的談吐，又不會適時沉默，是很大的缺憾，是不幸的。我們常因說太多而後悔，所以，當你對某事無深刻了解的時候，最好還是保持沉默吧，免得恰好暴露了自己的無知。

少說話固然是美德，但是，人既在社會中行走，就應該說話，否則談口才還有什麼意義呢？既要說話，怎樣說才好呢？此中藝術不可不研究了。在任何地方和場合，最好能少說話，要說話則說自己經歷過的感慨之話，說心靈深處的衷心之話，說自己有把握的話，說能夠啟迪人的話，說能警戒人的話，說能教育人的話，說能溫暖人的話，說能使人排憂解苦的話。自己無把握做到的話不要說，言不由衷的話不要說，傷人的話不要說，無中生有的話不要說，惡言惡語不要說，傷情感的話不要說，造謠中傷的話不要說，粗陋的言語不要說。

但是有時候必須要說，若是到了非說不可時，那麼所說的內容、意義、措辭、聲音、姿勢，都不可不加以注意，什麼場合，應該說什麼，怎樣說，都應加以研究。無論是探討學問，接洽生意，交際應酬，娛樂消遣時，說話一定要有重心，要具體、生動。不鳴則已，一鳴驚人，我們雖未必能達到這個境界，但我們只要朝這個目標走去，是會有發展的，有收穫的。必須知道，為了保持你的話令人重視，永不使人討厭，唯一的祕訣是說適量的話，恰當的話，說適量的話能使你靜靜地思索，使你說出來的話更精彩，更動人，說恰當的話會以少勝多，以一當十。

8. 及時巧妙地轉移話題

在自然交流中很少有人。自始至終只說一件事，中途轉換話題是司空見慣的事情。請看小王與小張的一段交談，就換了好幾個話題 —— 甲：我昨天在新華書店買了本《口才學》。

乙：好巧，我也買了一本。哦，我還買了盤林憶蓮的磁帶！

甲：你買到啦？！我早就想買，總買不著，你能借我翻錄一盤嗎？

乙：當然能。不過，別說我小氣，你可不要弄壞了。

甲：你放心，我可不像有的人，不把別人的東西當回

事。上次，我借了本書給人家，借出去就沒影了。分析這一段普通的對話從「書」說到「磁帶」，從「磁帶」說到「翻錄」，再從「翻錄」說到「人品」，話題頻換，無拘無束。這樣交談，是日常生活中最常見的。

通常的話題轉換，不外乎兩種情況，一種屬於隨意轉換，交談者意興所至，話題自然游移，一如水銀瀉地、山洪奔騰；另一種屬於有意轉換，即交談都為了控制交談方向，以一定方法主動更換話題，這時的交談不再是毫無目的，而是有意識控制。

日常說話中，還有一種稱為「亂打岔」的轉移，與這裡說的話題轉移截然不同，亂打岔，是不尊重談話對方的缺乏教養的行為，很不禮貌。有意轉換話題，則是一種積極的談話藝術。它正確地運用心理活動規律，機智地避開不利因素，使會話繼續保持和諧熱烈的氣氛和豐富的內容。

轉換話題一般發生在如下情況：

🗨 會話出現冷場；

🗨 談話內容枯竭，會話難以維持；

🗨 有人失言或出現意外的尷尬局面；

🗨 產生不同意見，不便爭論，不必爭論或不想爭論；

🗨 原話題無積極意義，低級趣味，或可能傷及他人；

🗨 交談一方對正在談論的話題不感興趣、甚至有厭惡情緒；

💬 需要避諱。譬如，當話題觸及他人隱痛隱私的時候，當成人交談時來了孩子，女性交談時來了男子，同事交談時來了上司的時候，以及當談話內容應當向當事人守密的時候都要注意不當說的不能說。

轉換話題也需要一定的技巧，最好能不著痕跡，巧妙自然地將對方引導新話題；而成功運用這個要領的關鍵，則在於會話對方對新的話題應當有較多的共同語言。這樣，會話才能拓展交談天地，維持融洽氣氛。為此，在有意轉換之前，充分估計對方心態和審慎選擇比原來話題更有新意的、在需求上更可滿足對方的話題，無疑十分重要。有三種方式可供平日交談時選用。

（1）順水推舟

這種方式是充分利用原來的話題，借助鄰近內容隱蔽地轉移對方的注意中心，由此及彼、以新換舊，來達到自然引渡話題的目的。

錦上添花法：由對方話語中的某一點引出新的話題。

某人在交談中誇耀自己的孩子：「我兒子這次數學考試又得了滿分！哎，你女兒怎麼樣？」乙的女兒數學較差，如果他不願意公開，就可以說，「哦，滿分？你兒子真聰明，語文一定也考得不錯吧！」聽到人家誇獎自己的兒子，甲不勝自喜，又開始介紹兒子的語文成績。

補充引渡法：表面上為對方的談話作補充說明，實際上暗渡陳倉、轉換話題。

若某人說：「博覽會上羊毛衫的款式真多……」如果此人滔滔不絕地介紹起羊毛衫的款式，而你又不感興趣，那麼，可以抓住他說話的間隙，插上一句：「我昨天也去看了，不是還有各種名牌冰箱嗎？」這樣，就能把話題引到「冰箱」上去。可是，有的人一講到興頭上，往往收不住，為「補充引渡」帶來困難。這時，你就要針對他的特點，用他同樣感興趣，甚至更加感興趣的話題去「誘惑」他。一般來說，他會不經意間轉換話題的。

追問轉移法：對對方的回答不斷地追問，也能達到轉換話題的目的。

比如，有人總是抱怨自己不被上級賞識，有才而缺乏機遇，聽到的次數多了，難免使人厭煩。特別是有的人還很不「識相」，不管人家愛聽不愛聽，依然叨叨不休。這時，你不妨藉機追問：「你認為一個人成才需要哪些條件？成才既然需要主客觀條件，那麼主觀因素與客觀條件相比，哪一個更重要呢？」問：「客觀條件很差，由於主觀努力而終於成才的，這一類例子你多少了解一些吧？」利用一次或多少連續追問使他逐漸偏離原來的話題。

（2）順手牽羊

就是借助鄰近、相關的事物或非語言因素，巧妙地轉換話題。會話過程中，若已對目前的話題沒有興趣，可以借眼前的景色、物品、陳設、耳畔的聲響，乃至嗅覺感受到的氣味、觸覺感受到的物狀、身體感受到的氣溫等，來轉移話題。

「哦，我怎麼現在才發現，你牆上這幅畫是相當名貴的！」

「這是什麼氣味？上次來好像也聞到過」

「你看，那個山頭多像一頭雄獅！」

「怎麼搞的，你們整天就在這噪聲中生活？」由於所借有的事物或非語言因素，往往與原來的話題沒有連繫或連繫不大，所以，採用「順手牽羊式」時，務必注意 3 點：

1. 要迅速吸引對方的注意，以淡化其對原話題的興趣；
2. 要以語調、神情、手勢輔助說話，以隱蔽轉移話題的動機；
3. 要盡可能表達對對方的關心，以消除強使對方改換話題時可能產生的不快。

（3）另起爐灶

這種方式簡潔明快，直截了當地以一個新話題取代舊話題。上面的兩種方式，一般都要施放「煙幕」，讓話題在對方並不察覺（或不明顯察覺）的情況下悄悄地轉換。而另起

爐灶式卻不然，它往往用明白的語言剎住對方的談鋒，迫使話題轉換。

另起爐灶式雖然直接，也要顧全對方的面子，特別是在對方談興正濃的時候你可以對只顧自己口惹懸河的人說：「這件事我們有機會再談吧，我先告訴你一件事……」；也可以在聽到不願聽下去的話題時說：「我們不談這個，談談……好嗎？」既注意到了禮貌，又達到了轉換話題的目的。

轉換話題還有一種情況，在兩人的交談中涉及到第三人的名譽或利益，這時更要當機立斷，改變話題。如當有人在會話中損害了某個人的名譽時，你就要以堅定的語氣說：「對×××，我的印象很好，還是讓我們談談其它事吧。」或者，當有人誹謗一位雙方都很熟悉的朋友時，你可以用吃驚的語氣說：「奇怪，他常常講你非常好。」這種明顯的轉換話題一般會立即制止閒言碎語。

要熟練地掌握轉換話題的技巧，除了要在實踐中學習之外，還要注意以下三方面問題：

1. 對會話對方的了解要越多越好；
2. 要有意識地積累話題素材，為會話準備一個「話題庫」；
3. 在會話中察言觀色，充分利用自己的應變能力。

9. 怎樣避免交談中的冷場

交談過程中，由於話不投機或不善表達，也常出現冷場的情況，冷場無論對於交談、聚會，還是議事、談判，都是令人窘迫的局面。在人際關係中，它無疑是一種「冰塊」。打破冷場的技巧，就是轉移注意力，另換話題。

冷場一般出現在雙方對談話缺乏內在動力、不感興趣的情況下。在交際活動中，如果當事人一時沒有什麼需求的慾望，那麼，會話在這個時候就成了多餘的事，冷場便不可避免。

另外一些易引起冷場的原因還有：在交際場上，當人際吸引力不強或存在溝通的心理障礙時，當心境影響人際認知與情感交流時；當情境因素發生作用（如環境使人產生共同的壓抑感或沉默情境感染旁人等）時，等等。

有人作了分析，認為聚首者之間存在以下 10 種情況時，最容易因「話不投機」而出現冷場：

1. 彼此不大相識；
2. 年齡、職業、身分、地位差異大；
3. 心境差異大；
4. 興趣、愛好差異大；
5. 性格、素養差異大；
6. 平時意見不合、感情不和；

7. 互相之間有利害衝突；

8. 異性相處（尤其在單獨相處時）；

9. 因長期不交往而比較疏遠；

10. 均為性格內向者。

　　冷場是交談即將失敗的一個徵兆，所以，談話雙方對可能出現的冷場，要一定去預見，並採取措施加以預防。比如，舉行座談會，可精心挑選出席對象，既要考慮與會者的代表性，也要考慮與會者的可能發言率，以免坐而不談。有時，甚至還可預先排定座次，盡量不要讓最可能出現冷場的幾種人坐在一起，使說話少一點拘束。同時，還要將健談者與寡言者適當地相互搭配。這樣就可借助組織，盡量避免出現冷場。

　　避免冷場是談話雙方共同追求的，但萬一出現冷場時，還是要有些準備。身為主人或會議主持者，身為會話的一方，你可以用下面的做法打破冷場：

🗨 立刻向對方介紹一個人、一件事或一樣東西，以轉移大家的注意力，激發他們重新開口的興致；

🗨 提出一個人人（至少是多數人）都感興趣並有可能參與意見、發表看法的問題，重引話題；

🗨 開個玩笑，活躍一下氣氛，再巧妙地轉入正題；

🗨 用聊天的方式，同一兩個人談談家常，問問情況，「明修棧道，暗渡陳倉」，引出眾人關注的話題；

🗨 故意挑起一場有益的爭論；

🗨 就地取材，對環境、陳設等發表看法，引起議論。

談話的話題是否有趣有益和冷場的出現有很大的關係。「曲高和寡」，會導致冷場；「淡而無味」，同樣會引起冷場。不希望出現冷場的交談者（或主人，主持者），應當事先做些準備，使自己有一點「庫存話題」，以備不時之需。

有人列出以下 10 條話題，可供冷場時「救急」之用：

1. 對方的孩子；

2. 對方個人愛好；

3. 對方事業上的成就；

4. 對方的健康；

5. 體育運動；

6. 影視戲劇；

7. 新聞趣事；

8. 日常生活中的「熱點」；

9. 某地的風情、特產；

10. 旅遊、採購。

年齡大的人喜歡回憶往事，同他們聊聊本地市政的沿革、民情的變遷、風俗的演化等。由於掌故頗豐，他們往往會油然而生濃郁的談興。或者，如果沒有別的話題，那麼不妨向他們詢問一下其子孫兒女的近況，一般都能撬開老年人

的話匣子。年青人性格活潑，愛好廣泛，音樂、電視、美容、旅遊等都可激起他們的談興。

同女士談話，可選擇一些家庭趣事，但同男賓講相同的內容必會被視為婆婆媽媽；企業家不喜歡在休息時多談生產，作家不討厭對自己作品興致勃勃的議論；卓有成就者願意暢談奮鬥的歷程，事業失敗者懶於提起不走運的往事……總之，打破冷場的話題，「聚焦點」要，「參與值」要高，即話題應是共同關心、能引起注意、人人可參與意見的話題。另外要注意，如果話可能使在場者（哪怕只有一位）窘迫或不快，即使可立即引起眾人議論，也不宜作為打破冷場的話題。比如，某人近期喪子，一般就不要當著他的面大談兒女之事，以免勾起他的傷感。否則，「一人向隅，舉座不歡」。

關心、體諒、坦率、熱情，是打破冷場的最有力「武器」。只要以這樣的態度去努力，「堅冰」可以融化，僵局不難打破。希望你在會話遇到冷場時，能夠以這種態度，去運用上面介紹的技巧，作一次成功的「破冰」嘗試。

從根本上講，打破冷場最有力的武器是談話對方的內在動力，是雙方的熱情、坦率。

五、

恭維得體，縮短距離

1. 恭維話是深交的敲門磚

　　恭維的話人人愛聽。你對人說恭維話，如果恰如其分，他一定十分高興，對人升起好感。恭維是深交的敲門磚。

　　越是傲慢的人，越愛聽恭維話，越喜歡受你的恭維，還有一種人表面上詞嚴義正，說自己不受恭維，願意接受批評，這是他的門面話，你如果信以為真，毫不客氣地直言批評，他心裡一定非常不快，表面上未必有所表示，內心卻是十分不悅，對於你的印象，只有降低，絕不會增進。

　　「人告之以有過則喜」只有子路才有此雅量，一般自命為君子的人，還容不下別人的批評，普通人更不用說了。

　　說說切合實際的恭維話，別人聽了舒服，而且自己也不降低身分。所以說恭維話是處世的一門重要功課。

　　每個人都有希望，年輕人寄希望於自身，老年人寄於子孫。年輕人自以為前途無量，和年輕人交談，你如果舉出幾點，證明他的將來，大有成就，他一定十分高興，引你為知己，你如果稱讚他父母如何了不起，他未必感到高興。至多你說他是將門之子，把他與他的父母一齊稱讚，才配他的胃口，使他笑逐顏開。

　　但是老年人則不然。他自己歷盡滄桑，幾 10 年的光陰，如果他還未曾達到他預期的目的，對於自己，已不復十分自信，不復有十分希望。他所希望的，是他的子孫。你如果說

他的兒子，無論學識能力，都勝過他，真是出類拔萃，雖然你是當面批評他，抑父揚子，他不但不會責怪你，反而十分感謝你，口頭連說，你說得好，未必，未必，過獎了。他的內心，卻認為你是慧眼識英雄呢！這是說恭維話對於不同的年齡應特殊注意的要訣。

對於商人，你如果說學問好，道德好，清廉自守，樂道安貧，他絕無動於衷；你應該說他才能出眾，手腕靈活，現在紅光滿面，日進斗金，他才聽得高興。

對於官吏，你如果說，生財有道，定發大財，他一定不高興；你應該說他為國為民，一身清正，廉潔自持，勞苦功高，他才喜形於色。

對於文人，你如果說，學有根底，筆下生花，贊同其思想，寧靜淡泊，他聽了一定高興。他做什麼職業，你說什麼恭維話。對於對方的職業，應該特殊注意，這也是「看人說話」。有個笑話，某甲是拍馬屁專家，連閻王都知道他的大名，死後見閻王，閻王拍案大怒，「你為什麼專門拍馬屁？我是最恨這種人！」馬屁鬼叩頭回道：「因為世人都愛拍馬屁，不得不如此，大王是公正廉明，明察秋毫，誰敢說半句恭維的話。」閻王聽了，連說是啊是啊！諒你也不敢，實則閻王豈不愛聽恭維話。不過說恭維話的方式，與普通不同罷了。這個故事，是說明了世人之情，都愛恭維，你的恭維話有相當分寸，不流於諂媚，實在是得人歡心的一法呢！

2.1 滴蜜與 1 桶毒藥

外國有句諺語說：「1 滴蜜比 1 桶毒藥所捉住的蒼蠅還多。」對人亦如此，要想得到別人的同意，先要使他相信你是他的一個朋友，就如同 1 滴蜜吸住了他們的心，這是通向他心靈的一座橋梁。

但是說恭維話也要有個程度，如果事實上只有 1/10，或者連 1/10 都不足，話卻說到十分，虛多而實少，靠他三寸不爛之舌，說得非常動聽，一部分人也許會上他的當，信以為真。比方他對於某種學問技術，不過初窺門徑，並未升堂，更未入室，居然自命為專家，到處宣揚，不認識他的人，自然不易拆穿，這叫做吹牛唬人。

比方他對於自身經歷，說得煞有介事，某事是他做的，某計畫是他擬的，某問題是他解決的。好像是他足智多謀，好像他是萬能博士，不是參與此事的人，自然無能證實其虛構，這叫做吹牛盜名。

比方他的事業，並無什麼發展，他卻說經營如何有把握，手中的貨物如何充分，某批生意賺多少錢，說得大家有些動心，這叫做吹牛欺人，總有一天就會被別人揭穿。

他和某一位達官貴人實在並沒多少關係，他卻對人說，某人如何器重他，某人如何借重他，某事曾和他商量過，某事曾由他經手過，把某人的私生活，起居，描寫得十分詳

細。不是知內情者，自然不易拆穿，這叫做吹牛借勢。

　　吹牛的動機，是表示他的了不起，是騙得大眾的信任，或者借此提高他的身分，或者借此售其某種詭計，凡此都是不合道德的。

　　對於有地位、有權力的人，力求接近，巧言令色，屈節卑躬，專從小處上獵取對方的歡心，色示而先應，未命而先趨，凡可以使對方覺得舒適的，無所不用其極。為要直接與對方接近，甘為對方的奴才，侍候奉承，唯恐有失；不能直接接近對方，則不惜作奴才的奴才，借奴才作接近的階梯，卑鄙齷齪，無恥之尤，這叫做拍馬。

　　拍馬的人，必會吹牛，吹牛的人，往往也會拍馬，拍馬完全是上諂，吹牛則近於下驕，上諂下驕，是小人的兩種矛盾性格。

　　你看見世上會吹牛善拍馬的，趾高氣揚，春風得意，也許會產生一種感想，以為吹牛拍馬，是成功的祕訣；不會吹牛，不善拍馬，雖有真才實學，一世不會騰飛。但是，吹牛拍馬的人，真能成功嗎？

　　吹牛總有拆穿的一天，一朝被人拆穿，人將唾棄之不顧。虛是虛，實是實，以虛作實，總有細心人會看出他的破綻。狐狸的尾巴露出，便顯原形。所以吹牛的成功，是假的，是暫時的。

　　拍馬的最大成功，是找到靠山，但是他的靠山，誰能保

永遠不倒？一朝大樹倒下，所有猢猻都要星散 —— 樹倒猢猻散，他豈能獨免？有時被拍的人，忽然厭惡他的為人，這不一定是由於覺悟，多數是拍馬黨的爭寵，而相互傾軋，他被軋倒，再起極難，另找靠山，更非易事。從拍馬得來的成功，能夠保持終身的，恐怕世無其人罷！

3. 說恭維話的 6 項注意

恭維是一件好事情，但並不是一件簡單的事。若在恭維別人時，不審時度勢，不掌握一定的技巧，即使是真誠的恭維，也會使好事變為壞事。制約恭維的因素有兩方面：一是恭維者本人，他的恭維是否是發自內心的，真誠的 —— 因為虛假的恭維是注定要失敗的；二是被恭維者，他所得到的恭維是否是他所期望的、合乎情理的恭維。如果被恭維者所得到的恭維是不合情理或不是他所期望的，那麼這個恭維也是失敗的。因此，在使用恭維的時候，有幾個方面需要注意：

(1)實事求是，措辭適當

當你的恭維語沒說出口時，先要掂量一下，這種恭維有沒有事實根據，對方聽了是否相信，第三者聽了是否不以為然，一旦出現異議，你有無足夠的證據來證明自己的恭維是站得住腳根。所以，恭維只能在事實基礎上進行，不要浮誇。

措詞也要適當，一位母親讚美孩子：「你是一個好孩子，

有了你，我感到很欣慰。」這種話就很有分寸，不會使孩子驕傲。但如果這位母親說：「你真是一個天才，在我看到的小孩中，沒有一個人趕得上你的。」那就會使孩子驕傲，把孩子引入歧途。

（2）恭維要具體、深入、細緻

抽象的東西往往很難確定它的範圍，難以給人留下深刻印象，而美的東西應該是看得見、摸得著的，這就是具體。如果要恭維某人是個好推銷員，可以說「老王有一點非常難得，就是無論給他多少貨，只要他肯接，就絕不會延期。」所謂深入、細緻就是在恭維別人的時候，要挖掘對方不太顯著的、處在萌芽狀態的優點。因為這樣更能發掘對方的潛質，增加對方的價值感，恭維所發揮的作用會更大。

（3）借用第三者的口吻恭維他人

有時，我們為了博得他人好感，往往會恭維對方一番。若由自己說出「你看來還那麼年輕」這類的話，不免有點奉承之嫌。如果換個方法來說：「你真是漂亮，難怪某某一直說你看上去總是那麼年輕！」可想而知，對方必然會很高興，而且沒有阿諛之嫌。

因為一般人的觀念中，總認為「第三者」所說的話是比較公正、實在的。因此，以「第三者」的口吻來讚美，更能得到對方的好感和信任。

也可以在背後恭維對方，如果當面讚揚一個人，有時反而會使他感到虛假，或者會疑心你不是誠心的。一般來說，間接的讚揚無論大眾場合，或在個別場合，都能傳達到本人，除了能造成讚揚的鼓舞作用外，還能使對方感到你對他的恭維是真誠的。

（4）恭維須熱情具體

經常看到有人在稱讚別人時表現出來的那種漫不經心──「你這篇文章寫得蠻好的」、「你這件衣服很好看」、「你的歌唱得不錯」，這種缺乏熱誠的空洞的恭維並不能讓對方感到高興，有時甚至會由於你的敷衍而引起反感和不滿。

如果把以上這些話改成──「這篇文章寫得好，特別是後面一個問題有新意」、「你這件衣服很好看，這種款式很適合你的年齡」、「你的歌唱得很不錯，不熟悉你的人說不定還以為你是專業演員哩」，這些話比空洞的恭維顯然更有吸引力。

（5）把恭維用於鼓勵

用恭維來鼓勵對方，能樹起人的自尊心。要一個人經常努力把事情幹好，首要的是激起他的自尊心。有些人因第一次做某種事情，做得不好，你應該怎樣說他呢？不管他有多大的毛病，你應該說：「第 1 次有這樣的成績就不錯了。」對第 1 次登臺、第 1 次比賽、第 1 次文章、第 1 次……的人，你這種讚揚會讓人深刻地記一輩子。

（6）恭維還要注意適度

適度的恭維會令對方感到欣慰的振奮；過度的恭維、空洞的奉承，或者頻率過多，都會令對方感到不舒服，甚至難堪、肉麻，結果令人討厭，適得其反。

恭維還要注意用適當的方式，一般的讚美方式（方法）大體有下面幾種：

1. 對比性的恭維，就是把被恭維的對象和其他對象比較，以突出其優點。常用「比 ×× 更……」或「在 ×× 中最……」等句式表示。俗語說：「有比較才能有鑑別」。對比性讚美給人一個很具體的感覺。但也正因為如此，從另外一個角度看，它也會產生負面，從而容易引起人際關係中的矛盾。所以在比較時就不應該用貶低來代替讚美。例如，兩個學生各拿著自己畫的一幅畫請老師評價。老師如果對甲說：「你畫得不如他。」乙也許比較得意，而甲心中一定不悅，不如對乙說：「你畫得比他還要好。」乙固然很高興，甲也不至於太掃興。

2. 斷語性的恭維，就是給被恭維者一個總結性的良好評價，語氣要以肯定判斷的形式表示。實際上，對別人的工作進行肯定就是一種讚美。但是這種恭維由於是較為全面的、總結性的評價，所以容易流於抽象，與恭維的具體性產生矛盾。恭維者也會給人一種高高在上的感覺，所以它經常和其它的方法結合在一起綜合使用。

3.感受性的恭維，就是恭維者就讚美對象的某一點表示出自己的良好感受。也體現了讚美的具體性，因為它陳述的只是恭維的感受，不受其他條件的限制，所以這種形式能充分發揮其恭維的優勢。要實施這種恭維有兩個步驟：一是把被恭維者值得肯定的優點「挑」出來；二是讓被恭維者知道你對他的優點很滿意。這樣，恭維的作用就自然產生，而且使人信服。

恭維別人往往使他產生動力。當別人獲得成功後，最好能表示祝賀，祝賀是對對方成績的肯定。

4. 如何祝賀他人

祝賀是人際交往中常用的一種交往形式，一般是指對社會生活中有喜慶的人或事表示良好的祝願和熱烈的慶賀。透過祝賀表達你對對方的理解、支持、關心、鼓勵和祝願，以抒發情懷，增進感情。

祝賀語從語言表達的形式來看，可以分為祝詞和賀詞兩大類。祝詞是指對尚未實現的活動、事件、功業表示良好的祝願和祝福之意。比如某重大工程開工、某會議開幕、某展覽會剪綵要致祝詞；前輩、師長過生日要致祝壽詞；參加酒宴要致祝詞等等。賀詞是指對於已經完成的事件、業績表示慶賀的祝頌，比如畢業典禮上，校長對畢業生致賀詞；婚禮上親朋好友對新郎新娘致詞；對於同事、朋友取得重大成就

或獲得榮譽、獎勵致賀喜詞等等。

祝賀要注意以下幾點：

(1)適合祝賀的場景

祝賀總是在特定的情景下進行的，因此一定要考慮到特定的環境、特定的對象、特定的目的，使之具有明確的針對性。魯迅在散文〈立論〉中講到這樣一個故事：一戶人家生了個男孩，合家高興透頂。滿月的時候，抱出來給客人們看，自然是想得到一點好兆頭。客人們眾說紛紜。一個說，這孩子將來會發大財的；一個說，這孩子是要做大官的。他們都得到了好報。只有一個人說：「孩子將來是要死的。」──雖然他說的是必然，還是遭到大家一頓合力的痛打。從講話藝術的角度看，他不顧當時的特定情景，講了一些不合時宜的話，遭到大家的痛毆，這是他活該。一般說，祝賀總是針對有喜慶含義的事的，因此，不應說不吉利的話和使人傷心不快的話，應講一些吉利的話，歡快的話，使人快慰和興奮的話。而且對不同的情景要說不同的吉利話。

(2)祝賀時感情要真摯

祝賀語要達到抒發感情，增進友誼的目的，必須有較強的鼓動性與感染力，因此要求語言富有感情色彩，語氣、表情、姿態等都要有情感。大多數成功的祝詞本身就是一篇短小精悍的抒情獨白。

（3）祝賀的話要簡潔，有概括性

祝賀詞可以事先做些準備，但多數是針對現場實際，有感而發，講完即止，切忌旁徵博引，東拉西扯。語言要明快熱情、簡潔有力，才能產生強烈的感染力。

有些祝詞、賀詞要進行由此及彼的聯想，因景生情的發揮，但必須緊扣中心，點到為止，給聽眾留下咀嚼回味的餘地。比如：某人主持婚禮。新郎是畜牧場技術人員，新娘是紡織廠女工。婚禮一開始，他上前致賀婚詞：

「我今天接受愛神邱比特的委託，為 80 年代牛郎織女主持婚禮，十分榮幸。」

新郎新娘交換禮物。新郎為新娘戴上金戒指，新娘送給新郎英納格（Enicar）手錶。這時，主持人又上前致辭說：

「黃金雖然貴重，不及新郎新娘金子般的心；英納格手錶雖然走時準確，也不及新郎新娘心心相印永記心間。」他的即興婚禮賀詞，得體而又熱情，簡潔而明快，博得了一陣熱烈的掌聲。

（4）祝賀要注重禮節

在喜慶場合發表祝賀詞，要特別注意禮節。一般須站立發言，稱呼要恰當。不要看稿子，雙目根據講話內容時而致禮於祝賀對象，時而含笑掃視其他聽眾。要同聽者作有感情的交流。還可以用鼓掌、致敬等行為動作加強與聽眾心靈上的溝通，以增強表達效果。

其實，喜慶活動本身就很講究禮儀，「祝賀」是其中一個環節，要適時地穿插進去。

下面舉幾例日常生活中經常遇到的祝賀場合。

① 祝酒

在重大的喜慶活動中，為了表示對親朋好友的謝意，常常設酒宴招待。酒宴中一般由主人致祝酒辭。

在飲第一杯酒之前，主人致祝詞。祝詞內容要圍繞此次宴請的主旨。一般包括：感謝來賓光臨酒宴；闡明宴請的目的；對未來的美好祝願。話語要簡短，最好要有點幽默感。要使人歡愉、使人快慰。為此，詞藻可稍加修飾，但不要矯揉造作。致祝酒詞時要起立，致詞後與客人們輕輕碰杯（如果客人太多也可用高舉酒杯的辦法），然後乾杯。酒宴中主人要殷勤待客，經常為客人添菜斟酒，但不要狂飲，不要勉強客人，更不能喝醉 —— 那是非常不禮貌的。酒宴結束，主人要到門口送客，與客人一一道別。

② 賀婚

賀婚詞的內容一般包括 3 部分：對新郎新娘的幸福結合表示祝賀；對新郎新娘的愛情加以讚頌或介紹有關趣事；對他們的美好未來真誠祝願。語言宜簡潔優美而富有激情。來賓祝賀之後，可由新婚夫婦答謝講話。

5. 謝與答謝的技巧

在生活中我們經常要向別人道謝。一個人，無論在工作上、生活上、學習上，只要受人之惠，得人之助，至少要說聲「謝謝」，以禮儀性語言來表示自己感激或感謝的心意，這就是道謝。道謝是最起碼的文明禮貌行為和最基本的交際形式。

道謝既然是經常用到，按理說，應當人人都會道謝，其實不然。有的人是「秀於心而訥於言」，有感謝之情而拙於言表；有的人是「感於心而疏於言」，有感激之舉而不思言表。但也還有第三種人，譬如，上海電視臺曾播放過一則採訪消息：某人拾得萬元郵政儲蓄存單，立即設法歸還失主，失主一方面表示「感謝」，一方面卻說，存單失而復得，不過是「省得跑一趟郵局去掛失」，還說這種存單「別人拿了也領不到錢」等等，令人啼笑皆非。上述幾種人中，第一種，要建議他提升口才，學會道謝；第二種，要告訴他：用語言道謝是必要的；第三種，則應當向其大聲疾呼：你趕快用心學一學真誠道謝吧！

向別人表示感謝，首先要有真誠之心，爾後始有真誠之言。人是有感情的社會性動物，人際交往從某種意義上說，正是出於人類感情交流的需求。真誠道謝，旨在讓對方及時、明確地了解道謝者真誠的感激心情，從而加深了解、密

切關係、增進友情，有百利而無一弊。真誠的道謝，即使只用最樸實無華的語言，也能引起對方的共鳴。所以，道謝不可敷衍，不可用猥瑣之言，肉麻之語。你可以這樣說：「這件事幸虧您幫了忙，非常感謝」、「您為我花了這麼多精力，實在感激」、「沒有您的幫助，我是不可能成功的，真叫我不知怎麼感謝才好」等。反之那些毫無誠意的「謝謝」，儘管話可以說得非常漂亮，也只能照出一顆不乾淨的靈魂，是令人作嘔的。

　　道謝者應當首先讚美幫助自己的人有助人為樂的美德。諺語說：「讚美之辭如同照耀人們心靈的陽光，失去它，便會失去生機。」稱讚給生活帶來溫暖和愉快，能使世間嘈雜的聲響化為優美的樂章。美國著名作家馬克・吐溫說自己「能為一句讚美之辭而不吃東西。」因為讚美首先是人的一種心理需求，也是對他人尊重的表現。但是，稱讚不是拍馬討好，不是阿諛奉承，最好不露痕跡，恰到好處。道謝時當面稱讚對方，更要避免評價失實、措辭過火。你可以用熱誠、具體的語言稱讚對方為幫助自己不惜耗費許多精力、浪費不少時間，稱讚對方對自己的關心，稱讚對方的熱心和慷慨，稱讚對方考慮問題的周到，稱讚對方助人為樂的友情等等。恰當的讚語如：「有您這麼一位朋友我感到真榮幸」、「這次為我花了這麼大力氣，您卻連一點小小的禮物都不肯收，如此助人為樂，叫我還有什麼話好說呢」、「您對我太關心了，

我知道，您本人這方面也有很多困難，卻先想到照顧我，真是先人後己了」等等。

我們得助於人，受惠於人，無論大小，都要向幫助自己的人致以真誠謝意。生活中，還常常有這種情況，別人無意中給了自己一點並不太大的幫助。你如果在這種情況下也不忘道謝，別人心裡一定會非常高興。或者當別人幫助了自己之後，你道謝時連細微之處，甚至連其本人都尚未覺察之處都無一疏忽，那麼，被道謝者一定會因為得到意料之外的感謝而今後更樂於助人。道謝時，在對主要問題表示過謝意後，你可以這麼說：「真沒想到，連……您都為我考慮了」、「唉，這一點我自己也疏忽了，您卻為我辦好，太周到啦」等等。

為別人幫忙、辦事，不但要耗費自己的時間和精力，有時還不得不輾轉求人或托情，欠下別人一筆「人情債」。對此，我們道謝時，一般只能用含有歉意的語言來表示不安之心。「真對不起」、「煩您……」、「勞您……」、「實在不好意思」、「真令人過意不去」……，諸如此類的話多少可以傳遞一點表示歉的訊息，使對方下次更樂於助你。

按照中國人的習慣，道謝者為求心理平衡，在口頭表示謝意的同時，往往還要贈以禮物，聊表寸心。這也是人之常情。不過，禮物一般不宜過重，千里送鵝毛，能表達心意即可。送上禮物時，你只要隨口說一句：「一點小禮物，不成

敬意」，或者說「隨便買了點小東西，不知道您喜歡不喜歡」盡量輕描淡寫。許多人都習慣在告辭時這麼說，目的在於不事宣揚，也便於對方接受。這麼做是為了避免物品沖淡了人情。如果禮物過重，甚至有意張揚，反覆提及，就有將人與人之間的互相幫助降為金錢關係之嫌，陷助人者於「施恩圖報」。至於禮品的價格，即使受禮人問及，一般還是祕而不宣為好。

有句老話：知恩必報。對道謝者來說，除了語言上口頭致謝或送點禮物之外，有機會的時候在行動上向對方給以回報，也是需要的。這種心願，可能時要適當表露。你可以說：「今後，能給我一個回報的機會嗎？」，「我很想投桃報李，需要時可不要把我忘了」，「希望在適當的時候讓我為您出點力，以表示一份小小的心意」、「不能賣個臉嗎？讓我為您奔波一次，以免心中不安」，等等。但是，有很多人不願做「施恩圖報」的事情，所以，表示自己的回報心願，一定要謹慎，要了解對方的個性特點，要考慮自己與對方關係的密切程度，選擇合適的語言，一般最好以順水推舟的方式道出。有些人很講情義，又很要面子，對這種性格的人，你就乾脆不說，不然往往適得其反，弄得人家心裡反而很不痛快，增加了彼此之間的隔膜。

不論是言語道謝還是禮物，都是為了表達感激、感謝的心意，如果使施惠者反而因此窘迫，便違背了本意。為了不

致使人窘迫，道謝要考慮道謝的時間、地點和對方的特點。比如，被道謝者不希望局外人知道自己幫助了你，你就應尊重對方的意願。如果恰巧在大庭廣眾遇見對方，就要含蓄地表示謝意，或者小聲地耳語，甚至可借握手之機，用熱情有力的動作，加上含笑的眼神來表示。否則，就說上一句：「××，我有一點小事想同您單獨說幾句」，借此離開人群，找合適處再坦誠相謝或贈以禮物。

施助者對他的道謝要答謝，答謝在措辭上可注意幾點：

第一，樂於助人是應盡之責不足為奇，不足稱謝：「老兄，為你出點力是應該的，有什麼可謝呢？」，「我們同事之間，今天我幫你，明天你幫我，這是很正常的事嘛！」，「我跟你還要謝？你可不要見外。」

第二，表示幫助別人並未為自己增添多少麻煩：「一點小事，又不用我花多少時間」，「我自己也需要，不過捎帶一下而已」，「我這是順路，您別放在心上」，「是花了點時間，但我覺得並不麻煩」，「幹這事，我樂意，心裡很愉快，對自己也有不少幫助」，這樣使被幫助的人易於心安。

第三，必要時表示不安的心情：「您快別這麼說，我都有點不好意思了。」「瞧，我被你說得快臉紅了。」「這麼重的禮，我受之有愧啊！」。

第四，對道謝者的禮物表示謝意，請對方下不為例：「謝謝您為我買了這麼好的禮物，我非常高興。」「勞您破費，不

好意思。」「恭敬不如從命，這份禮我就收了，下不為例！」
「您送什麼我都喜歡，不過，下回千萬不要再破費。」

　　道歉也是人際交往中常見的交流活動。「人非聖賢，孰
能無過。」如果你錯了，就及時承認，與其等別人批評、指
責，還不如主動認錯、道歉，更易於獲得諒解和寬恕。

　　凡是堅信自己一貫正確，從不認錯、道歉的人，根本交
不到朋友，或易交難處，沒有知心朋友。

　　真心實意的認錯、道歉，就不必就客觀原因，做過多的
辯解。就是確有非解釋不可的客觀原因，也須在誠懇的道歉
之後再略為解釋，而不宜一開口就辯解不休。否則，這種道
歉，不但不利於彌合裂痕，反而會擴大裂痕，加深隔閡。

　　當對方正處在火頭上，好話歹話都聽不進時，最好先透
過第三者轉致歉意，待對方火氣平息之後，再當面道歉。如
雙方僵持不下，勢必兩敗俱傷。如一方先主動表示歉意，就
有可能打破僵局，化緊張為和諧，乃至化「敵」為友。

　　我們自己說自己錯，豈不比由別人口裡說出我們的錯要
好得多。在你知道別人要說出你所有不對之處之前，你趕快
找機會自己先說出來，使他無話可說，你有十成的把握，可
以得到他的仁慈寬恕，以減輕你的錯誤。一般人對於那些主
動承認錯誤的人也是不會進一步責備的。王君是一位商業藝
術家，他曾用這種主動承認錯誤的方法得到一個極易動怒的
雇主的信任，王君在講他這段故事時說：

「作廣告圖時，最要緊的是簡明正確，有時不免發生些小錯。我就知道有一位廣告社的主任，專喜歡在小地方挑毛病，我時常不愉快地從他的辦公室走出來，不是因為他的批評，而是他攻擊的地方不當。最近我於百忙中替他趕完一幅畫，他來電話叫我去看他，到那裡果不出所料的，他顯得非常憤怒，已經準備好了要批評我一頓。我卻想到要用責備自己的方法，因此我便說：『先生，你所說的話不假，一定是我錯了，而且是不可原諒的。我替你畫畫多年，應該知道如何才對，我覺得很慚愧。』

他立刻替我分辯說：『是的，你說得對，不過這並非大錯，僅只 —— 』我馬上插嘴說：『不論錯的大小，都有很大的關係，會讓別人看了不高興。』

他打算插嘴說話，但我卻不容他。我有生以來第一次批評自己，我很願意這樣做。我繼續說道：『我實在應該小心，你給我的工作很多，你理應得到滿意的東西，所以我想把這幅畫重新畫一張。』

『不！不！』他堅決地說：『我不打算太麻煩你。』他誇獎我所作的畫，說只須稍加修改就可以了，而且這一點小錯，亦不會使公司受損失，僅是一點小節不必太過慮了。

我急於批評自己，使他的怒氣全消。最後他邀我一起吃點心，在告別之前他開給我一張支票，並又委託我畫另一幅新的廣告。」

　　王君說，我承認自己錯了，以顯示主任的正確，抬高了他的地位，他高興之餘也不會再苛責我了。當由於自己的過錯而給別人造成了損失時，應當致以誠心的歉意。誠心的道歉，應語氣溫和，心誠而不謙卑，目光友好地凝視對方，並多用「包涵」、「打擾」、「得罪」、「指教」等禮貌詞語。道歉的語言簡潔為佳，只要基本態度表明，對方也已通情達理地表示諒解，就行了。切忌囉嗦，重複。

　　如果你覺得道歉的話說不出口，也可以用別的方式代替。夫妻吵架後，一束鮮花能冰釋前嫌；把一件小禮物藏在餐碟旁或枕頭下，可以表明悔意，以示愛念不渝；大家不交談，握手也可以傳情達意，「盡在不言中」也可用於道歉。

　　有時，也可以寫封信給對方，表白歉意。這種不見面的交談既可達到道歉的目的，又可免去一些難堪的場面。

　　有些過失需要口頭表示歉意才能彌補的；還有些過失不但需要口頭表示歉意，而且需要改正過失的行動。不管是哪種情況，改正過失的行動，可以說是最真誠、最有力、最實際的道歉。

　　當然，如果你沒有錯，也不要為了息事寧人而向人家道歉。這種沒有骨氣的道歉，對任何人都沒有好處。同時要分辨清楚深感遺憾和必須道歉兩者的區別。比如你是主管，某一位部屬不稱職，勢必將其革職不可，對這種事，你可以覺得遺憾，但不必道歉。

六、
機智應變，左右逢源

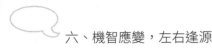

1. 意外情況，機智地應變

交際活動中有時可能出現一些未曾預料到的問題，需要我們及時有效地處理，這就是交際口才的隨機性，更需要說話的才智。

口才應變藝術，具有三方面的作用：①彌補語言失誤，避免造成尷尬，②應付意外情況，維護己方的聲譽；③堅持正確觀點，挫敗惡言惡語和無理刁難。只要具備了隨機應變的口才藝術，就能在各種情況下應付自如，避免不良影響，贏得敬重。

在人際交往中，有時由於雙方身分不同或處境不同，可能使一方處於十分不利的地位。當勢力強大的一方故意發難時，弱方用硬碰硬的辦法與之爭鬥是會吃虧的。要想堅持原則又能獲取勝利，最好的辦法就是以軟擊硬，綿裡藏針，用含而不露的口才去戰勝對手。

在實際交往中，應付意外情況有以下幾種應變技巧：

(1)偷換概念，移花接木

移花接木是互相頂替的意思。在交際中，有時會碰到一些不便或不必回答的問題。但是，緘默是不允許的，使用「無可奉告」的外交辭令有時也並不禮貌。此時，不妨「偷換概念」，故意曲解對方所提問題的意願去應變。這就叫「移花接木」。

（2）妙用「模糊語言」

模糊語言也是實際表達中需要的。對於不必要、不可能或不便於把話說得太實太死的情況，這時就要求助於表意上具有「彈性」的模糊語言。隨機應變，尤其需要模糊語言。北宋政治家王安石的兒子王元澤年幼時，有一位客人知其不辨同籠的獐和鹿，卻故意問他：「哪一頭是獐，哪一頭是鹿？」王元澤不慌不忙，沉著地答道：「獐旁邊那頭是鹿，鹿旁邊那頭是獐。」聽了王元澤的答語，「客大奇之」。王元澤年幼無知，本來無可厚非，可是他卻機智地巧用模糊語言為自己解圍，顯示了他的聰穎機智和過人的應變能力。

（3）以毒攻毒

談話中對方若故設「陷阱」，可以牙還牙。會話對手故設「陷阱」，以謬論相刁難，其用意無非是企圖造成一種進退兩難的局面：答則顯示無知，不答則表明無能。這種情況更適宜用「以謬治謬」法應變。隋朝時，有一善辯者。一次，有人問他：「臘月時，家人被蛇所傷，怎樣醫治？」他應聲答道：「取五月五日南牆下雪塗之，即愈。」那人反唇相譏：「五月哪裡得雪？」這位善辯者笑道：「臘月何處有蛇？」由於提問者的話本身是荒謬的，對於荒謬的回答，自然就喪失了指責的權利，刁難別人也就成了自我出醜，陷阱也不攻自破。

還有當對方蓄意挑釁或侮辱時，有時必須「以毒攻毒」。傳說美國著名作家馬克‧吐溫是個瘦子，有一次他與一個大腹便便的商人狹路相逢。

　　商人：「看到你，人們就會認為美國發生了饑荒。」

　　作家：「是的。看到你，人們就會明白發生饑荒的原因。」馬克‧吐溫在突然蒙受譏諷時，靠的是「禮貌反擊」，不失風度卻十分有力地回敬了對方。可見，以其人之道還治其人之身，也是一種應變良方。

（4）裝聾作啞，順水推舟

　　「順水推舟」可以避開對手的進攻。面對挑釁，除了針鋒相對，「以牙還牙」，有時也需「綿裡藏針」，以守為攻。這時候，不妨來個裝聾作啞，一則避其鋒芒，二則以有禮對無禮，在心理上爭取主動。

　　這裡有個例子，雖然不屬於交際會話的範疇，但對掌握應變技巧同樣不無啟迪。當年，英國首相威爾遜在發表競選演說時，忽然有個故意搗亂的人高叫起來：「狗屎！垃圾！」面對這突如其來的干擾，為了顧全大局，保證演說成功，威爾遜鎮靜地報以一笑，用安撫的口氣說：「這位先生，我馬上就要談到您提出的髒亂問題了。」這樣，威爾遜佯作曲解搗亂的本意，以順水推舟的手法，「安全」渡過了「險灘」，使演說得以順利地繼續。演說可以如此，交際會話同樣可以如此。

　　應變的口才藝術是對一個人綜合能力的考驗：

閱歷、知識、氣質等是影響應變能力的重要因素。一般來說，閱歷豐富、知識淵博、智慧高並且具有虛懷若谷、從容鎮定氣質的人，反應更敏捷，對付突然情況的反應更快，能在會話中應付各種突如其來的意外局面。

思維方式也影響人的應變能力。語言是思維的外衣，培養應變能力首先要著眼於思維訓練。古人說的「慧於心秀於口」，就是這個意思。人只要加強思維訓練，就能使自己在語言感受的敏銳性、思維的敏捷性、判斷的準確性、表達的即時性等方面前進一步。

2. 爭執僵局，巧妙地化解

在人際交往中，誤解、爭論、爭執、僵局會常常遇到，如果處理不當，會成為人際關係的腐蝕劑。而優秀的交際口才藝術，是化解爭執和僵局的一劑良藥。

在社會交際活動中，由於交際雙方彼此缺乏了解，以及種種突發事件的存在，往往會導致衝突、爭執或僵持場面，這個時候如果沒有人站出來打打圓場，那麼很可能輕則陷入尷尬，引起一方或雙方的不快，干擾雙方溝通交往的正常推進；重則甚至影響到彼此的關係和友情，把本要合作解決的事情搞砸。由此可見，在交際中觀察對方的心理，審時度勢，然後憑藉恰到好處的交際口才來化解爭執與僵局，這確實是一項值得重視的能力。

(1)緩和僵局，妙語脫圍

對引起尷尬的事件進行機智的解說，使嚴肅的話題詼諧化，可以緩和尷尬的局面。

在現實生活中，過於嚴肅和枯燥的東西往往不易為人接受，所以人們會想方設法把它變得靈活些、有趣些。例如一本嚴肅的科技類圖書，人們可以透過插圖的設計和版式的調整來把它變得活潑可愛一些，從而使讀者樂於閱讀。在交際場合中也是一樣，如果某個較為嚴肅、敏感的問題搞得交際的雙方都很尷尬，甚至於阻礙了正常交際的順利進行時，同樣可以暫時讓它「委屈」一下，透過幽默的解說將其詼諧化，利用它讓原來被它搞僵的場面活躍起來，使交際活動得以順利推進。

(2)尋找藉口，擺脫窘境

換一個角度或找一個藉口，證明對方有悖常理的行動在某情境下的合理性，可擺脫窘境。

人們之所以在交際活動中陷入窘境，常常是因為他在特定的場合做出了不合時宜、不合情理或有辱身分的舉動，而旁人又往往不便於直接指出這種舉動的不合理性，於是進一步導致了整個局面的尷尬或僵持。在此情形下，最行之有效的打圓場方法莫過於找一個視角或藉口，以合情合理的依據來證明對方的舉動在此時是正當的、無可厚非的。這樣一來，個人的尷尬解除了，正常的局面也得以繼續下去了。

（3）求同存異，免除爭執

不做孰優孰劣的比較，只強調差異性，對各方的價值都給以肯定，並拿出各方都能接受的方案，可以打破僵局。

當交際的各方因彼此不能滿足對方的條件而爭執不休時，身為調解者應理解爭執各方當時的心理和心情，不要輕率地厚此薄彼，以免加深各方的不滿情緒。正確的做法是只強調各方的差異（而非優劣），並對各自的優勢和價值予以肯定，以此在一程度上滿足他們的自我實現心理。在這個基礎上，拿出適合各方的建設性意見就容易被接受了。

當人們因固執己見而爭執不休時，造成僵持局面難以緩和的原因往往已不是雙方的觀點本身，而是彼此的爭勝情緒和較勁心理。事實上，對某一問題的看法本身常常並不是一成不變的，隨著環境的變化，角度的轉移，不同乃至對立的觀點都可能是正確的。因此，在打圓場時可以抓住這一點，幫助爭執雙方靈活地分析問題，使他們意識到彼此觀點的相對性和兼容性，進而停止無謂的爭執。清末陳樹屏有急智的快才，善於用幾句話解開人們的糾紛，人稱他「片語解紛」。有一年，他任江夏知縣，著名大臣張之洞在湖北做督撫。張之洞與撫軍譚繼詢關係不太合得來。有一天，陳樹屏在黃鶴樓宴請張、譚等人。座客裡有個人談到江面寬窄問題。譚繼詢說是五里三分，張之洞就故意說是七里三分，雙方爭執不下，不肯丟自己面子。陳樹屏知道他們明明是借題

發揮，是狗扯羊皮，說不清楚的。他心裡對兩個人這樣鬧很不滿，也很看不起，但是又怕使宴會煞風景，掃了眾人興，於是靈機一動，從容不迫地拱拱手，言詞謙恭地說：「江面水漲就寬到七里三分，而落潮時便是五里三分。張督撫是指漲潮而言，而撫軍大人是指落潮而言。兩位大人都沒說錯，這有何可懷疑的呢？」張、譚二人本來都是信口胡說，聽了陳樹屏的這個有趣的圓場，自然無話可說了，於是眾人一起拍掌大笑，一場無謂的「爭辯」也就不了了之。張、譚二人因江面寬窄而爭執不休，致使宴會大煞風景，其實根本上是二人的較勁心理在作怪。為了不使眾人掃興，主人陳樹屏抓住「江面寬窄」這一焦點，指出它本來就不是固定不變的常數，只要時令一變，兩人的答案就都可能正確。經過這一處理，原來看起來二者必居其一的僵硬問題變得靈活了，張、譚二人都沒有說錯。既然如此，兩人也就順臺階而下，停止了無謂的爭執。

（4）善意曲解，避免尷尬

故意不理解引發尷尬的事件的真實含義，而對該事件加以善意的曲解，引導其朝有利的方向轉化，不失為避免尷尬的一手妙著。

在交際活動中，交際的雙方或局外人由於彼此不甚了解，常常會做出一些讓對方迷惑不解的舉動，導致尷尬、緊

張場面的出現。為了緩解此種局面，可以採用故意曲解的策略，假裝不明白尷尬舉動的真實含義，而給出有利於局勢好轉的理解，進而一步步將局面朝有利的方向引導。前蘇聯領導人戈巴契夫偕夫人賴莎訪美，在赴白宮出席雷根的送別宴會的途中，他突然在鬧市下車，和站在路旁的美國行人握手問好。蘇聯保安人員急忙將汽車扭轉回頭，圍上前去，並喝令站在戈巴契夫身旁的美國人趕快把手從褲袋裡抽出來（怕他們袋內藏有武器）。行人搞得一時不知所措，有人責問這是為什麼？站在戈巴契夫身後的賴莎十分機智，趕快打圓場，向責問的美國人解釋說：「他們的意思是要你們把手伸出來，跟我丈夫握手。」行人驚愕之餘，紛紛向戈巴契夫伸出自己的手。一場即將發生的「戰爭」就這樣煙消雲散。這種隨機應變、順水推舟的圓場話，使尷尬的局面在善意的曲解中順利緩解。

3. 善於自嘲，反能征服人

　　人際交往中，在人前蒙羞，處境尷尬時，用自嘲來對付窘境，不但能很容易找到臺階，而且多會產生幽默的效果。所以自我解嘲，自己把自己胳肢幾下，自己先笑起來，是很高明的一種脫身手段。傳說古代有個石學士，一次騎驢不慎摔在地上，一般人一定會不知所措，可這位石學士不慌不忙

地站起來說：「虧我是石學士，要是瓦的，還不摔成碎片？」一句妙語，說得在場的人哈哈大笑，自然這石學士也在笑聲中免去了難堪。以此類推，一位胖子摔倒了，可說：「如果不是這一身肉托著，還不把骨頭摔折了？」換成瘦子，又可說：「要不是重量輕，這一摔就成了肉餅了！」

筆者親歷了這樣一件事：一位矮個子學者的妻子嘲笑丈夫是五五身，這位學者笑瞇瞇地說：「如果不是我身短力小，我們的戰鬥你能場場取得勝利麼？如果不是我矮，你能很優越地說我身材短麼？」話畢，全場叫絕。由此可見，自嘲時要是對著自己的某個缺點猛烈開火，容易妙趣橫生。就這份氣度和勇氣，別人也不會讓你孤獨自笑，一般會陪你笑上幾聲的。

在社交中，當你陷入尷尬的境地時，借助自嘲往往能使你從中體面地脫身。在某俱樂部舉行的一次招待會上，服務員倒酒時，不慎將啤酒灑到一位賓客那光亮的禿頭上。服務生嚇得手足無措，全場人目瞪口呆。這位賓客卻微笑地說：「老弟，你以為這種治療方法會有效嗎？」在場的人聞聲大笑，尷尬局面即刻被打破了。這位賓客借助自嘲，既展示了自己的寬廣胸懷，又維護了自我尊嚴，消除了恥辱感。由此可見，適時適度地自嘲，不失為一種良好修養，一種充滿魅力的交際技巧。自嘲，能製造寬鬆和諧的交談氣氛，能使自己活得輕鬆灑脫，使人感受到你那可愛的人情味，有時還能更有效地維護面子，建立起新的心理平衡。

人際交往中身在高位者或明星們，與人打交道容易讓人感到有架子。可能是因為其他人過於緊張、有壓力，也可能是這些人還沒有摸著與普通人相處的竅門。通常而言，開開自己的玩笑，可以緩解他人壓力，還能讓一般人覺得有人情味，和普通百姓一樣，從而讓人心裡舒坦。

力求個性化、形象化並學會適當的自嘲，往往可以使自己說話變得有趣起來。幽默力量能認同幽默的事物。因此真正偉大的人物會笑自己，也鼓勵別人和他一起笑。他們以與人分享人性來給予並獲得，你也能做到！

笑自己的長相或笑自己做得不甚漂亮的事情，會使你變得較有人性。如果你碰巧長得英俊或美麗，試試你的其他缺點。如果你真的沒有什麼缺點就虛構一個，缺點通常不難找到。如果你的特點、能力或成就可能引起他人的妒忌甚至畏懼，那麼，試著去改變這些不好的看法。例如，你可以說一句妙語：「世界上沒有一個人是完美的，我就是最好的例子。」你以取笑自己和他人一起笑，會幫助他人喜歡你，尊敬你，甚至欽佩你，因為你的幽默力量證明你有人性。

「我喜歡你」導致「我了解你」，進而「我相信你」。於是，你最後達到的目標便是信任。當別人信任你時，你便能影響他們，使他們鞭策自己去發展他們的潛能。這也正是每一個人在與人溝通時、積極向上時的最終目標。

其實不管你是大人物還是小人物，自嘲都能讓你備受歡迎。大人物因自嘲可減輕妒意獲得好名聲，小人物可以苦中作樂，甚至一夜成為笑星。

4. 攻破防線，消除戒備心

交際中說服別人最大的一個障礙就是攻克對方的心理防線，消除對方由於對你的誠意表示懷疑而產生的戒備。否則，這道防線將像一堵牆，使你的話說不到他的心裡去，甚至產生反感。

攻破對方心理防線的說話藝術包括以下幾個方面：

（1）利用同步心理

什麼是同步心理呢？同步心理就是，凡事想跟他人同步調、同節奏，也就是「追隨潮流主義」，是那種想過他人嚮往的生活、不願落於潮流之後的心理。正是由於這種心理的存在，那種不顧自身財力、精力，甚至是否真心意願而豁出去做的念頭，就很容易乘虛而入，支配人們的行為，促使人們盲目做出與他人相同的舉動。

通常人們在受到這類刺激後就很容易變得沒主見，掉入盲目附和的陷阱中。所以推銷員或店員經常會搬出「大家都在用」或「有名的人也都用」等推銷話語，促使人們毫不猶豫地接受。

（2）利用反抗心理

當別人告訴你「不准看」時，你就偏偏要看，這就是一種「反抗心理」。這種慾望被禁止的程度愈強烈，它所產生的抗拒心理也就愈大。所以如果能善於利用這種心理傾向，就可以將頑固的反對者軟化，使其固執的態度做 180°大轉變。

如果在說服對方的時候，劈頭就說：「你這樣做不對。」對方一定會反感地說：「不，我絕對沒有錯。」但如果採取讓步的姿態說「也許我也有錯」時，對方的「反抗心理」也許就會產生作用，他會說：「不，沒那回事，其實我也有錯。」如果說「你確實是不對的，」這樣的話，通常會使對方產生一種潛在的反感心理，而當對方有了這種心理時，就只有放棄說服他的念頭了。

在與人交流中如果你能洞悉他的內心，巧妙地刺激對方的隱衷，使他內心的想法完全暴露出來，就能找到他的危機感。這個危機感就是你說服他的一把利器。

運用上述方法，在攻克了對方的心理防線之後，自然也消除了對方的戒備心理，使交談雙方不再存在障礙，溝通管道暢通無阻，其效果必然會使雙方都十分滿意。

5. 語言禁忌，不可不提防

　　每個人在社會活動中，都要與各式各樣的人打交道。因此，必須區分各種關係，擺正自己的位置，談話不可不小心。要避免說「犯諱」的話。

　　人與人之間的差異有時是驚人的。獨特的個性，獨特的愛好，獨特的生活習慣，獨特的知識結構，尤其是獨特的心理態勢，這些綜合起來就使某個人成為獨具特性的「這一個」。在各種場合的社會活動與交流時，就要根據對交流對象的觀察了解，有的放矢地施展交際語言藝術。

(1)必須考慮對方的語言習慣

　　各地的口音、用語習慣大不相同，與你對話的人可能來自不同的地方，因此在談話時要注意各地的說話習慣，否則無法達到溝通最好的效果。

(2)要注意對方的性別特徵

　　英國 L · G · 亞歷山大說：「交談時應注意對方的性別。對不同性別的人講話，應當選擇不同的方式。」比如一位男子碰到幾年不見的女同學，就大聲嚷嚷起來：「你真是越長越『苗條』了，可惜臺灣不流行相撲運動，不然你肯定是一號種子選手。」女子扭頭就走，男子也自討沒趣。一般情況下，同樣意思的話，對一個男人與一個女人所講時的語言會

大不相同，個人交際中要注意到這一點。

(3)必須考慮對方的年齡特徵

比如要打聽對方的年齡，對年齡不同的對象要採取不同的問法。對小孩不能問「你年齡多大了」，而應問「你今年幾歲了」；對老人卻不宜問「你幾歲」，而要問「您年齡多大」或「您高齡」、「您高壽」；對與自己年齡相近的異性，特別是未婚的男女，不宜問「你年齡多大」，以免引起一些不必要的猜測。

(4)必須注意對方的心境

心境通俗地稱為心情，是一種比較持久的、難言的，但能影響人的整個精神活動的情緒狀態。大家知道，在聽覺方面，聲波在耳蝸內轉變為一種可供神經系統使用的密碼。透過神經系統的處理，聽者就把這些編了碼的信號感知為能夠表達說話者意思的詞彙。既然聽者要將接受到的訊息透過神經系統處理，那麼，聽者的心境，必然影響到語言的交流。

在交際中要注意對方的情緒。對方情緒好，就多說幾句；對方情緒不好，就少說幾句，或者乾脆不說。同時還應注意，交談時不應涉及對方祕而不宣的想法或隱私，不要多談對方（除非是熟知的親友）的健康情況。他若身有不適，這樣的話題很可能勾起他的愁緒，影響談話的效果。

另外要切記，莫對失意人談得意事。有人跟四十來歲的老姑娘說：「李姐，下星期二工廠的小王結婚，我們湊個份子錢吧。」這種不考慮對方心境的話是最惹人討厭的。這樣去接近對方只會適得其反。

（5）必須考慮對方的性格特徵

性格特別外向的人易於「喜形於色」，性格內向的人多半「沉默寡言」。同性特別向的人談話，你可以侃侃而談；同性格內向的人談話，則應注意循循善誘。說話不可千篇一律，而是因人而異，特別要注意不同人的性格特徵。社會活動中的交談更要注意這一點。

（6）必須考慮對方的身分以及與自己的親疏關係

在一次修辭學會的年會上，學會負責人第一個作學術報告。他在開場白中說：「先讓我這個老猴耍一耍，然後你們中猴、小猴耍。我老猴肯定耍不過你們中猴、小猴，不過總得帶個頭吧！」代表們聽了覺得有意思。

報告人年近古稀，又是修辭學會的會長，資格老，跟到會的中青年代表都很熟悉。他把自己比作老猴，把別人比作中猴，既恰當，又風趣。真是「莊諧雜出，四座皆春。」

如果一位脫穎而出的年輕人也說出類似的話來，比方說：「我是一個小猴，先讓我來耍一耍，然後你們中猴、老猴耍。」聽的人就會產生反感。

　　在對待上下級的不同場合，說話必須有所不同。對待上級要嚴肅恭敬，對待下級要親切關懷。對待不同文化層次的人也要有不同的策略。

七、
巧於拒絕，委婉說不

1. 在人際交往中，不可能不說「不」

在人與人交往中，「不」字是很難說出口的，因為說「不」意味著拒絕了一位朋友，但真正的朋友是會體諒你的拒絕的。大膽說「不」吧，這樣你會活得很幸福。

在人際交往中，常常會有一些人來請求我們幫忙，這是一件好事。當我們力所能及的時候，相信大家都會很爽快地答應下來。但當我們無力達成時呢？在很多情況下，由於人們都有一種怕「難為情」的心理。往往會給對方一種不自覺的承諾，當事情無法完成時，經常會得到對方的埋怨。其實我們沒有必要給自己製造壓力。因為在生活中說「不」是不可避免的。

當涉及到祕密和隱私時，我們必須說「不」。前美國總統羅斯福在他當海軍軍官時，一次一位好朋友問他關於美國新建潛艇基地的情況。羅斯福不好正面拒絕，就問他的朋友：「你能保密嗎？」回答：「能」。羅斯福笑著說：「我也能。」對方聽後就不再問了。在小島上建立潛艇基地，這屬於軍事機密，碰到這種情況，唯一的選擇就是說「不」。

在商業交往中，一家飲料公司同一家大型超市採購主人進行業務談判，採購部主人要求這家飲料公司，每瓶進價降低 0.1 元，因為這家超市每年從這家飲料公司採購買 10 萬瓶。相信這家飲料公司為了不失去超市這個大客戶會降價

的。如果你是這家飲料公司的負責人，你會怎麼做？若提出一個折衷方案：每瓶降 0.05 元，這樣做表明你已承認了對方的降價要求，只是希望別作大幅度削減，這種做法只會讓對方得寸進尺。唯一正確的做法是向對方說「不」。因為對方既然每年能銷售 10 萬瓶你的飲料，說明你的飲料深受歡迎，也說明該超市從你處也獲利匪淺，若失去 10 萬瓶進貨，該超市也會遭受損失。所以，你堅決說「不」，他多半會退讓的。

在青年男女交往中，如果愛你的人正是你所愛的人，這是一種幸福。但若愛你的人不是你的意中人，或你一點也不喜歡對方，對方向你求愛，你該怎麼辦？答應對方，愧對自己的良心，這種愛也會成為你的精神負擔，所以，唯一的選擇還是說「不」。

……

在生活中，說「不」的時候還有很多很多，朋友之間提出某種非法要求，使你無法接受時，你可以說「不」；當推銷員上門推銷而你十分忙，無法接待時你可以說「不」；不太熟悉的人向你借錢，而你怕要不回來時，可以說「不」；朋友邀請你外出，而你已有約會時，你可以說「不」……

學會說「不」是一種心理解脫，它可以使你不必再為某種承諾而深受壓力之苦，學會說「不」是一種交際手段，對方會因為你的誠懇的拒絕而更加信任你、尊重你。學會說「不」也是一門藝術，它可以使對方遭到拒絕而不對你怨

恨和不滿。學會說「不」也是你的一項權利，當我們被種種
「要求」所糾纏時，說出我們最直接的感受，不管對方如何
看待，但他都應尊重我們說「不」的選擇。

2. 為拒絕找個合理的藉口

　　人生就是在不斷的拒絕與贊成之中度過的，贊成別人無
需技巧，而拒絕則需要採用合適的方法。為拒絕找藉口可以
避免雙方尷尬。

　　我們避免不了拒絕的發生，卻可以在拒絕時採取適當的
方法，從而最大限度地避免因為拒絕而樹敵。

(1)以「制度」為藉口

　　某公司的一位普通職員鼓起勇氣走進經理辦公室說：「對
不起，我想該幫我漲薪了……」

　　經理回答道：「你確實應該了，但是……」經理指著玻
璃板下的一張印刷卡片不慌不忙地說，「根據本公司職務薪
資制度，你的薪水已經是你這一期中最高的了。」

　　職員洩氣了：「哎，我忘記我的薪水級別了！」他退了
出來。幾條影印出的制度使他放棄了自己本應得到的東西。
他也許在想：「我怎麼能夠推翻那張壓在玻璃板下的印刷表
格呢？」這也許正是經理希望他講的話。

（2）以「他人」為藉口

小李在電器商場工作。一天，他的一位朋友來買 DVD。看遍了店裡陳列的樣品，他還是沒有找到令自己最滿意的那種。最後，他要求小李領他到倉庫裡去看看。小李面對朋友，「不」字出不了口。於是，他笑著說：「前幾天我們經理剛宣布過，不准任何顧客進倉庫。」儘管小李的朋友心中不悅，但畢竟比直接聽到「不行」的回答要好多了。

（3）以對方的「言語」為藉口

吳佩孚的勢力日漸強大，成為權傾一方的實力人物。一天，他的一位同鄉前來投靠他，想在他那裡謀個差事兒做。吳佩孚知道那位同鄉才能平平，但礙於情面，還是給他安排了一個上校副官的閒職。不久那位同鄉便嫌棄官微職小，再次請求想當個縣長，要求派往河南。吳佩孚聽了，便在他的申請書上批了「豫民何辜」四個大字，斷絕了他的念頭。誰知過了些時間，那人又請求調任旅長，並在申請書上說：「我願率一旅之師，討平兩廣，將來班師凱旋，一定解甲歸田，以種樹自娛。」看到同鄉這樣沒有自知之明，吳佩孚真是又好氣又好笑，於是提筆批了「先種樹再說」五個大字。

（4）以「外交辭令」為藉口

外交官們在遇到他們不想回答或不願回答的問題時，總是用一句話來搪塞：「無可奉告。」生活中，當我們暫時無法說

「是與不是」時，也可用這句話。另外，你還可以用「天知道」、「事實會告訴你的」、「這個嘛……難說」等搪塞過去。

(5)寓否定於玩笑中

透過開玩笑的方式來否定，既可以達到目的，又不至於使雙方感到尷尬，是一種很好的否定技巧。譬如，你男朋友邀請你「上門」，你覺得時機尚未成熟，不可盲目造訪，這時你可以問：「有什麼好吃的嗎？」你的男友會列出幾樣東西來，於是你接著說：「沒好吃的，我不去。」這是巧妙的玩笑，不僅拒絕了對方的請求，還可避免回答「為什麼不去」，真可謂一箭雙鵰。

(6)寓否定於感嘆中

你的生日，他送你一套衣服，你不喜歡。他問：「喜歡嗎？」你若直截了當地回答：「不喜歡，土裡土氣的，像什麼樣！」精心挑選過的他此時一定會覺得很傷心。如果答：「要是素雅些就更好了，我比較喜歡淺色的！」這話的表面意思彷彿是：你買的也好，不過如果素雅些就更好了。但表面肯定的背後是一句否定的意思，只不過說得委婉一些罷了。

(7)寓否定於商量口氣中

戀人希望你陪他參加朋友的一個聚會，可你覺得目前不便或不妥。於是你用商量的口氣說：「現在沒有時間，以後行嗎？」顯然，戀人此時的邀請有她特殊的意義，等到

以後還有什麼意思呢？可你找到這樣的藉口，她也不好再勉強。

(8)寓否定於推脫中

如果你不想去參加某人的約會，可以禮貌地對他說：「謝謝，下次我有空一定去。」有人想找你談話，你看看錶：「對不起，我還要參加個會，改天行嗎？」表面上，你並沒有拒絕對方，只是改個日期，但這個「下次」卻是沒有具體時間限制的，聰明人一聽就知道這是在委婉地拒絕，但這比直接說「我沒空，不能去」更容易讓對方接受。

3. 用美麗的語言拒絕對方

在通常情況下如何拒絕別人呢？具體的辦法是：用「美麗的語言」來拒絕對方。這樣做的好處就在於，雖然對方被拒絕了，但幾乎不會留下不快的感覺。

用漂亮話拒絕這種具體的技巧包括以下五點。

(1)抬高對方的自尊心

被拒絕的人之所以會有一種不愉快的感覺，其原因在於兩個方面：首先是在於自己的要求沒有得到滿足，其次是被拒絕者自尊心受到了傷害。對方誤認為你之所以拒絕他，是由於你不夠尊重他。

人們都有這樣的想法：與被拒絕而失去實質的東西相比，更不願意自己在心理上受到創傷。心理上得到了安慰，人們也就不會怎麼難過了。因此，在拒絕的藝術中，我們強調：在拒絕別人的時候，應該把對方抬高起來，讓他的心理上過得去，有一種舒服感。心理上得到撫慰之後，失去的東西也就微不足道了。

抬高對方的辦法不是直接地對其進行讚美，而是透過對自己的貶低而抬升對方，這在拒絕別人時是一種很有效的方法。比如，在拒絕對方時，你可以說：

「對於我來說，這項任務太難了，我怕和你合作反而成了你的負擔。」

這樣，無論這樣說是否真實，其效果都要強過直接拒絕。對方知道自己要遭拒絕，也會因為這些話而得到心理安慰，抗拒感也就自然而然地消失了。

由於你故意貶低自己，讓對方在自尊心上得到滿足，也就不至於使對方對你產生不滿和敵意了。

（2）站在對方立場著想

如果你能讓對方感覺到你拒絕他是為了他好，那麼就可以避免拒絕帶給對方的不快。

站在對方立場上為他著想的辦法，會輕易地將對方的抗拒感消除，使他不會因為遭到拒絕而感到不快。

　　沒有人會拒絕別人的善意，好心會換取別人的好意，好意可以化解對方的不快樂。拒絕時，你就要表達這麼一份好意，吹起一陣溫馨的風，驅散對方頭上的烏雲。

　　但要注意，好意千萬要表達好，不能因為沒有表達好而產生更強的副作用。任何事物都是兩面的，你應該記取這一點。這不僅僅是拒絕的託辭和藉口，也要有你的真誠感情在裡面。

　　與人為善者，拒人千里之外不會留下餘恨。

（3）取得對方的同情心

　　向你尋求幫助的人，在心理上首先是認為你比他強的，不管這是不是現實情況。

　　正所謂「你的窘境遠比我輕，所以你應該有能力幫助我」，對方往往會將自己的窘境一一列舉，為的就是讓你在心理上承認你是比他強的。這種心理必然導致你同情的萌發，此時再拒絕也就不是那麼容易了。誰會如此絕情？誰又能面對如此窘境的人心安理得地說「不」？

　　但你實在是不能幫助對方該怎麼辦呢？拒絕對方發牢騷？這是絕對不行的，因為這會引起極其強烈的反作用，只有傾聽，傾聽會讓對方的心理得到安慰。對方會因為你的聆聽而感到自己的遭遇或境遇令人同情，至少是令你同情的。

　　然而，在聆聽完對方的牢騷後，你不能什麼也不做地拒

絕，而是要有過之而無不及地向對方發牢騷。這時你就會反客為主，讓對方因為你的牢騷反而同情起你來。在心理上他就可能認為這個人也是很忙很煩的。對方產生了這種心理後，你的目的也就達到了，這時即使你提出拒絕，或者你不提出拒絕，拒絕的意思也都表達完了。因為：

「你比對方的狀態更差，你已沒有能力幫助他了。」

需要注意的是，使用這種方法一定要坦誠，否則會和不多說話，一味拒絕產生同樣的效果，令對方不滿或不安。牢騷發得不真誠，對方會認為你是有能力而不願意幫他。因此，你在發牢騷時也要有理有據，把實情融入進去。

（4）舉出實例

有時對方在說話時為了得到你的認可，往往會將特殊現象普遍化和一般化，形成一種共識性的說法。比如說：「一般都……」、「大多數……」、「差不多……」等等利用模糊性語言開頭，這樣就很有說服力了。

人們往往有「從眾」心理，大家都那樣，我也應該那樣，這是沒錯的，於是就很容易被說服。

要想拒絕，你就要跳出對方的這種圈子，尋找新的說話點，這樣你才可以輕鬆地拒絕。

比如，上司對你說：「大家今天都得加班，你也留下來加班吧。」這時，如果你被「大家」這個詞所說服，你就

不得不留下來加班了。而如果你能舉出兩個不加班的同事，
說：「×× 和 ×× 就已經下班了，他們怎麼沒有加班呢？」

這樣，你將上司擴大化的話語再還原回特例上去，也就
是表示拒絕的意思了。

（5）利用轉折關係

拒絕不應該在說話一開始就插入「不」，否則會讓對方
產生相當強烈的抗拒力。既讓對方無法接受，也會造成你們
彼此間的不愉快。

尤其是在職場上與上司說話，如果一開始就說「不」，
會讓上司下不了臺，從而使你們的關係惡化。

那麼這種不能正面拒絕的情況怎麼辦呢？你可以採取轉
折關係的拒絕方式。

也就是說，你首先承認對方的觀點，然後再利用轉折關
係，將話題改換到拒絕上來。這才是你最終的目的。這種辦
法既保證了對方不會產生強烈的抗拒感覺，你的拒絕之意也
表達清楚了。

這是兩全其美的辦法，一般的句式是「是的，是的⋯⋯
不過」、「是，是⋯⋯可是」，「對，對⋯⋯但是」等等，這
些句式往往會讓對方失去說服的慾望。

4. 用「模糊語言」巧拒他人

一般情況下，社會活動中語言表述應力求清楚明白，少用或不用模糊語言，這是對的。但適當地運用一些諸如「大概」、「也許」、「可能」之類的模糊語言會給你的講話提供巨大的幫助。

在拒絕中，對方提出問題時，你可以不做明確的肯定或否定，而採用模稜兩可、似是而非的語言給予答覆，搞得對方不知你是贊成還是反對，讓人摸不著頭腦；或者故意偷換概念、轉移話題，不對問題正面回答。這就是拒絕別人的「模糊語言法」。

在我們的現實生活中，運用模糊語言拒絕別人的例子有很多。比如，你遇到有人向你推銷電鍋，你雖然心裡不想買，但又怕說出來傷人面子，於是你便可以說：「買不買我還沒想好，等過一段時間再說吧。」這樣，你雖然沒有直說出不買，但卻給了人家一個模糊的答案，實際上也就等於把他拒絕了。

另外，採用模糊語言，有時也指故意裝糊塗，或對問題支支吾吾、含含糊糊，或乾脆裝作不知道或沒聽到別人的問題。對於臭名昭著的「水門」事件，美國眾議院舉行了許多場聽證會，許多精明厲害的議員，用連珠炮似的追問，撬開了許多證人的嘴巴。唯有一位證人被問了數不清的問題，

卻幾乎連一個問題也沒答出來。這個證人似乎一直無法完全理解眾議員提出的任何問題，從頭到尾都在答非所問，同時還傻乎乎地面帶一臉迷人的笑容。最後，議員們還是一無所獲。這樣看來，關鍵時刻裝裝傻，說些令人迷糊的話，有多麼管用！那時，即使神仙都拿你沒辦法，這可真是「大智若愚」呀！

5. 學會曲折的暗示與表達

明確直言的拒絕，有時自己感到過意不去，也令對方感到尷尬。這就需要採用一些巧妙委婉的拒絕方式減低對方的失望與不快，不影響人際關係。

有時，對一些明顯不合情理或不妥的做法必須予以回絕。但為了避免因此引起衝突，或由於某種原因不便明確表示，可採用隱晦曲折的語言向對方暗示，以達到拒絕的目的。請看兩個公司的代表在磋商公議地點時，下面一段對話：

甲：「我們的意思是要讓下一次會議在紐約召開，不知貴國政府以為如何？」

乙：「貴國飯菜的味道不好，特別是我上次去時住的那個賓館更糟糕。」

甲：「那麼您覺得我今天用來招待您的法國小吃味道如何？」

乙：「還算可以，不過我更喜歡吃英國飯菜。」

乙方用「美國飯菜不好」、「法國的飯菜還可以」、「喜歡吃英國飯菜」，委婉含蓄地拒絕了在美國、法國開會的建議，暗示了希望在英國舉行會議的想法。有位朋友就很會利用曲折的暗示，他說：

有一回，來我家的那位客人待了很久也沒有要走的意思，無奈之中我心生一計，對他說：「我家的菊花開得正旺，我們到園子裡去看看怎麼樣？」

他聽到後欣然而起，於是我陪他到花園裡去觀賞菊花。

看完後，我趁機說：「還去坐坐嗎？」

這時，他看看天色，「恍然大悟」地說：「不了，不了，我該回家了，要不然會錯過末班車的。」把你的意圖隱約地表達出來，這樣既維護了彼此的情感，又不至於讓自己的事情遭拖延，實在是兩全其美。

當然，對於很熟悉的朋友，就用不著那麼煞費苦心了，你可以直接告訴他，還有事要做，不能奉陪了，他就會諒解的。

6. 在輕鬆中營造拒絕的氛圍

現代社會中，一個具有幽默感的人往往更容易被他人所接受。所以，在與他人交往中，完全可以多用一些風趣、幽默的語言來增強說理的吸引力、感染力。

富蘭克林‧羅斯福輕鬆幽默的回答既堅持了不能泄露軍事祕密的原則立場，又沒有使朋友陷入難堪，取得了極好的語言交際效果，以至於在羅斯福死後多年，這位朋友還能愉快地談及這段總統軼事。相反，如果羅斯福表情嚴肅、義正辭嚴地加以拒絕，甚至心懷疑慮，認真盤問對方為什麼打聽這個、有什麼目的、受誰指使，豈不是小題大作，有煞風景？其結果必然是兩人之間的友情出現裂痕甚至危機。

文學大師錢鍾書先生是個「甘於寂寞」的人。他不願被人炒作，也不願拋頭露面，只想一心做學問。他的《圍城》出版後，在國內外都引起了轟動。很多人對這位作家很陌生。許多記者想見一見他，但都被他謝絕了。一天，一位英國女士打電話來，說她很喜歡《圍城》，想見見錢先生。錢鍾書婉言謝絕，但那位女士卻十分執著，最後錢鍾書實在沒有辦法了，便以其特有的幽默語言對她說：「假如你吃了一個雞蛋覺得不錯，你認為有必要去認識那隻下蛋的母雞嗎？」以趣談理，用幽默風趣的語言談論道理，特徵在趣，目的在理。恰如其分的幽默風趣的語言，可以使人在笑聲中愉快地領悟你言語中的道理，接受你的勸說。

幽默雖會引人發笑，但引人發笑並不是目的，而是為了營造拒絕的氣氛，使對方在愉悅之中得到深刻的啟示，在心中留下輕鬆、活潑、美好的智慧痕跡，並欣然接受你的友好婉拒，另圖打算。

7. 替拒絕搭一座橋

　　被別人拒絕，心裡總會不高興；拒絕別人，對方也會不高興，在拒絕中講究些技巧，替拒絕搭一個橋，可使雙方都不再為此過不去。

　　面對朋友所求，當你感到力不從心或不願意幫助而想要拒絕時，你可以不表示自己能否幫忙，而是為其介紹另外幾種解決問題的途徑，並表明這比自己的幫助要好得多。老余聽說一家公司需要一名從事文祕工作的大學畢業生，想讓自己的女兒去那裡工作，可女兒是大專畢業生，這家公司要求大學學歷畢業生。恰巧老余聽說這家公司的經理與同科室的小何是同學，於是請小何從中幫忙。

　　小何怕落下埋怨，不想幫忙，但又考慮到老余的面子，於是對老余說：「我們部門的小姜跟那個經理最好，上學時形影不離，你找他幫忙，這事一定沒問題。」小何這麼一說，不但回絕了老余的請求，還為老余指出一條「捷徑」，讓老余好一番感動。

　　當你為對方指明一條出路時，對方會覺得你能設身處地地為他考慮，因而十分感激你。那時，他覺得你不是在拒絕他而是在幫他。

　　老潘和老吳在同一家公司上班，由於工作不愉快，老潘毅然辭職，自己創業，幾年下來居然擁有了一家小公司。

　　幾年後，工作不順的老吳打電話給老潘：「幫幫忙，讓我到你公司混口飯吃吧！」

　　「你在原公司不做得好好的嗎？」老潘說：「你不需要幫忙啊！」

　　老吳立刻說：「如果我辭去工作到你那裡去總可以吧。」

　　老潘想想說：「我當初在那裡做得不愉快，出來創業，才能有今天。其實我一直很佩服你，你比我可優秀多了，如果憑你的能力出來自己創業，自主地做老闆，你的才能將得到充分的發揮，比替任何人工作都強啊！我對你的能力、才幹是一點都不懷疑的。」

　　老吳聽了笑著說：「你說的也是啊，也只有靠創業呀！謝謝你向我提了個醒。」老潘非常自然地拒絕了老吳的請求，因為本意是在激發對方戰勝困難的勇氣，即使有些強詞奪理，還是容易為對方所接受。

8. 巧用身體語言拒絕

　　身體語言因為是無聲的語言，它對於被拒絕者的刺激不是相當強烈，是屬於點到為止式的。這種拒絕方式一般不會影響彼此間的感情。

　　身體語言是最好的拒絕語言，善於拒絕的人都能熟練運用這種拒絕方式。

有意識地、巧妙地借助一定的身體語言，就完全可以幫助你更平靜地傳達你的拒絕訊息。這樣，你既可以避免難以啟齒的拒絕語言，又可以不必為對方帶來被拒絕後的不快感覺。

具體的身體拒絕語言包括：

(1)用沉默表示否定

有效地巧妙使用「沉默」，可以達到此時無聲勝有聲的拒絕目的。你可以不說「不」，但對方會收到你的拒絕訊息。

沉默一般來說有三種：一是單純的沉默，為了在交談中休息；二是思考的沉默，可能是對對方的話沒有很理解，等待對方的進一步解釋或說明；三是等待對方再次發言的沉默。

當一個人面對著一個看起來一直在仔細聆聽自己說話的人，在有他發言的機會他卻沉默的時候，就會100%認為那種沉默是思考的沉默。這時，對方就會想：「我的話對方肯定沒有理解。」於是他就會努力地進行重新說明，並且會加入更多的個人資訊。

但當你仍以無言相對時，經過這麼幾次重複的進行，對方就會自動放棄將你說服的想法。

傾聽，沉默，再傾聽，再沉默，這就是沉默的拒絕技巧。在整個拒絕過程中，你可以不說一句話。採取沉默的拒絕方式，一般人會知難而退。

（2）避開對方的目光

眼睛是心靈的窗口，兩眼相對，就意味著彼此之間正在積極地交流和接受。注視著別人的眼睛，那是交談融洽的象徵。如果想拒絕別人的時候，你就應該將目光移開，不去注視對方。眼睛是交流的基礎。別人想請求你的幫助時，會利用眼睛詢問你的眼睛。這樣一來，如果你也一直注視著對方的眼睛，就很難回絕對方的請求了。因此，你要拒絕別人的時候，就應該避開別人的眼睛。

低下眼睛或避開他人的視線，迫使對方的視線也移開。這也意味著拒絕了對方的要求。

（3）用距離表示拒絕

距離也是身體語言的一種，由距離的遠近可以斷定人與人的親疏程度，因此，距離也在說話。

人們都是有自我保護意識的，密切接觸的距離是人的安全距離，也是別人不可侵犯的領域。而能夠進入密切接觸距離的人，都是被認為對自己構不成威脅及傷害的人。隨著人與人的親密度的減弱，距離在增大，這是理所當然的，是人們一種不自覺的心理和行動意識。

因此，如果你想拒絕對方，就應該反其道而行之，讓人們的習慣得到消除，這樣的拒絕才會有效。

對於較親密的同事，拒絕的距離要遠；對於平時不大親

密的同事，拒絕的距離要近。比如，要拒絕像朋友一樣親密的同事的要求，你就不能和他的距離太近，否則你就不能表達出你的拒絕之意了。相反地，如果你要拒絕比較疏遠的上司，你就要到他的辦公室去，與他進行面談。

這種反常規的距離關係，能夠更加容易拒絕對方。

（4）從拒絕物品開始

當你在集市上經過時，總會有小商販招呼你看一看他們的物品。他們會說：「看一看吧，不買也沒有關係。」於是他們就會把東西遞到你的面前。

如果你對這些東西確實有興趣，那麼你接過來看看也沒有關係。但如果你對那東西沒有一點興趣，而需要拒絕時，你就千萬不要去接那些東西。拒絕應該從拒絕對方的物品開始，如果你接受了對方的東西，那麼你就沒那麼容易拒絕別人了。

由此可見，要想拒絕他人，首先要從拒絕對方遞過來的物品開始，這是心理上的拒絕。

9. 在含蓄委婉中巧說「不」

否定別人、否定別人的言語和行為，容易傷害感情、導致尷尬局面的事情，但在生活中如果注意話語的含蓄和否定的技巧，就可以避免這些情況的發生。

朋友、家人、親戚找你辦事，對於那些自己深感頭疼又

無能為力的事情，拒絕他人總是令人難以啟齒，進而使自己處於兩難境地，所以學會拒絕也是對自己的一種保護，對他人的一種交代表白。的確，使生硬的否定也有一副可愛的面孔，可以在輕鬆愉快的氣氛中完成「否定」的任務。

(1)以謬還謬

以謬還謬，也叫「將錯就錯」，類似於推理上的「歸謬法」，即先假定對方是正確的，然後按照這個思路做出一個新的結論，而這個新結論又是明顯荒謬的，這樣，後者的顯然不成立也就證明了前者的錯誤，從而實現否定的目的。甘羅的爺爺是秦國的宰相。有一天，甘羅看見爺爺在後花園走來走去，不停地唉聲嘆氣。

「唉，孩子呀，大王不知聽了誰的挑唆，硬要吃公雞下的蛋，命令滿朝文武去找，要是三天內找不到，大家都得受罰。」

「秦王太不講理了。」甘羅氣呼呼地說。

他眼睛一眨，想了個主意，說：「不過，爺爺您別急，我有辦法，明天我替您上朝好了。」

第二天早上，甘羅真的替爺爺上朝了。他不慌不忙地走進宮殿，向秦王施禮。

秦王很不高興地問道：「小娃娃到這裡搗什麼亂！你爺爺呢？」

甘羅說：「大王，我爺爺今天來不了啦。他正在家生孩子呢，托我替他上朝來了。」

秦王聽了哈哈大笑：「你這孩子，怎麼胡言亂語！男人家哪能生孩子？」

甘羅說：「既然大王知道男人不能生孩子，那公雞怎麼能下蛋呢？」甘羅沒有直接揭露秦王的荒誕，而是「順桿兒上」，引出一個更為荒誕的結論，讓秦王自己去攻破自己的觀點，並在巧妙的回答中暗示其荒謬性。

透過上面的這些實例，我們可以總結出運用「以謬還謬法」的兩個基本訣竅：

一是模擬必須相當，謬說必須等值。如甲說：「我家的狗會講話。」乙便說：「我家的驢會唱歌。」甲反問乙：「驢怎麼會唱歌呢？」乙反問甲：「狗怎麼會講話呢？」這一反駁，由於驢和狗相當，唱歌與講話等值，因而使甲啞口無言。

二是無中生有的「無」，必須是絕對的「無」。反之，就會給對方留下反擊的空子，使自己陷於被動。比如，人有說：「我家公雞下蛋。」另一人說：「我家母雞叫了夜。」這就出了漏洞，有懈可擊了。因為母雞不是絕對不叫夜的，這樣的反駁就無法造成以謬還謬的效果了。

(2)示笑為拒

微笑是人類的本能之一。當我們被一個需要我們立即表示贊同與否的問題難住而大傷腦筋時，也許微笑可以助我們一臂之力。甲說：「我想請你看一場電影，可以嗎？」乙早

有約會，於是微笑著說：「謝謝！」甲說：「你同意啦？」乙只是微笑，欲言又止。甲問道：「你有約會啦？」乙微笑著點頭道：「嗯……是的。」甲只好說：「噢，對不起！」乙又微笑著說：「沒關係！我也很抱歉！」乙並沒有生硬地說「不」，而是巧妙而自然地以微笑代言，最後讓甲親口講出了「你有約會啦」的疑問式關注，這時他的注意力在這裡已經不是他所希望的答案了 —— 乙的應邀 —— 而是：已經有人捷足先登了！

10. 怎樣消除婉拒帶來的不愉快

不管怎樣「委婉」，遭到拒絕總歸是不愉快的。怎樣才能使這種不愉快減少到最低限度，或者反而使雙方的交往關係進入一個柳暗花明的新境界呢？需要注意以下幾點：

(1)態度要真誠，不能嘲諷、冷落對方

拒絕總是令人不快的。「委婉」的目的也無非是為了減輕雙方，特別是對方的心理負擔，並非玩弄「技巧」來捉弄對方。特別是上級、師長拒絕下級、晚輩的要求，不能盛氣凌人，要以同情的態度，關切的口吻講述理由，使之心服。在結束交談時，要熱情握手，熱情相送，表示歉意。一次成功的拒絕，也可能為將來的重新握手、更深層次的交際播下希望的種子呢！

（2）要顧及對方的自尊，為對方留臺階

　　人都是有自尊的。當拒絕別人時，一定要考慮到對方可能產生的反應，要注意準確恰當地措辭。比如你拒聘某人時，如果悉數羅列他的缺點，會十分傷害他的自尊心。倒可以先稱讚他的優點，然後再指出缺點，說明不得不這樣處置的理由，對方也能更容易接受，甚至感激你。

（3）要為對方留退路

　　如果一個人滿腔熱情求助於你，結果被一棍子打回去，一點迴旋餘地也沒有，往往會使他很傷心，甚至導致不堪設想的嚴重後果。比如對求職者，你可以告訴他，這次主要是外語程度低一點，如果努力一下，下一次也許能成功。或者說，你的外語程度對我們涉外賓館來說，還欠缺一點，但你完全可以勝任別的飯店的工作。如果他能從你為他設想的退路中取得成功，一定會感謝你這個「拒絕者」的。

（4）把握拒絕時機

　　要選擇適當的時間、地點和機會，盡量減少「副作用」拒絕的時間，一般是早拒比晚拒好，因為及早拒絕，可以讓對方抓住時機爭取別的出路。無目的的拖拉，是對人不負責的態度。至於地點，拒絕時一般把對方請到自己辦公室來為好。如果在公共場所，宜小不宜大，宜黯淡不宜明亮。為了避免眼光的直接接觸，兩人的座位也以斜對面或並肩座為

宜。合適的時機也很重要，不宜在眾人的場合拒絕。

拒絕的藝術還有這樣幾個：

(1)讓對方明白你是贊同的

王女士在民航售票處擔任售票工作，她時常要拒絕很多旅客的訂票要求。王女士總是懷著非常同情的心情對旅客說：「我知道你們非常需要坐飛機，從感情上說我也十分願意為你們效勞，使你們如願以償，但票已訂完了，實在無能為力，歡迎你們下次再來乘坐我們的飛機。」王女士的一番話，叫旅客們再也提不出意見來了。因為她從旅客的角度考慮問題，贊同旅客的焦急心理，撫慰了對方。

(2)避免只針對對方一人

針對一人有可能使矛盾激化。某造紙廠的推銷員到某公司推銷紙張。推銷員找到他熟悉的這個單位的總務處長，懇求他訂貨。總務處長彬彬有禮地說：「實在對不起，我們公司已同某國營造紙廠簽訂了長期購買合約，公司規定再不向其他任何公司購買紙張，我也應按照規定辦。」因為總務處長講的是任何公司，就不僅僅針對這個造紙廠了。

(3)以友好、熱情的方式拒絕

一位作家想同某教授交朋友。作家熱情地說：「今晚我請你共進晚餐，你願意嗎？」不巧教授正忙於準備學術報告

會的講稿，實在抽不出時間。於是，他親熱地笑了笑，帶著歉意說：「對你的邀請，我感到非常榮幸，可是我正忙於準備講稿，實在無法脫身，十分抱歉！」他的拒絕是有禮貌而且愉快的，但又是那麼乾脆，使對方無話可說。

八、
接打電話，禮貌熱情

1. 使用電話的基本用語

怎樣正確使用電話的基本用語呢？這裡舉一些例子來說明一下（前面表示不妥用詞，後面為正確用語）。

🐦「喂！」（不妥當用語）「您好！」（正確用語。下同）

🐦「喂，找誰？」「您好！這裡是 ×× 公司，請問您找哪一位？」

🐦「我要找一下 ××。」「請您幫我找一下 ×× 好嗎？謝謝！」

🐦「等著。」「請稍等一會兒。」

🐦「他不在這裡。」「他在另一處辦公，請您直接打電話給他，電話號碼是……。」

🐦「他現在不在。」「對不起，他不在，如果您有急事，我能否代為轉告？」或「請您過一會兒再來電話。」

🐦「你是誰啊？」「對不起，請問您是哪一位？」

🐦「你有什麼事？」「請問您有什麼事？」

🐦「你說完了嗎？」「您還有其他事嗎？」或「您還有其他吩咐嗎？」

🐦「那樣可不行！」「很抱歉，沒有照您希望的辦。」

🐦「我忘不了！」「請放心！我一定照辦。」

🐦「什麼？再說一遍！」「對不起！請您再說一遍。」

🗨 「把你的地址、姓名告訴我。」「對不起，您能否將您的大名和地址留給我。」

🗨 「您的聲音太小了。」「對不起，我聽不大清楚。」無論是哪個公司行號，都有可能接到抱怨電話，此時接電話的人更要注意自己的禮貌用語。

2. 電話語言的基本要求

(1) 吐字清晰

　　打電話的時候，微笑、手勢和別的各種傳遞情意的方法都不發揮作用，語調成了唯一的工具。吐字清晰、用字適當及抑揚頓挫都非常重要。

　　打電話時，口要對著話筒，說話音量不宜太大，也不要太小。咬字要清楚，吐字比平時略慢一點，語氣要自然。必要時，可把重要的話複述一遍，交代地點、時間要仔細。當對方聽不清發出詢問時，要耐心地回答，切忌不耐煩，始終要給人以和藹、親切的感覺。

(2) 尊重對方

　　現在一般人打電話幾乎都是從「喂」開頭到「再見」結束。多半是電話接通，先說聲「喂」。這聲「喂」最好說得輕鬆愉快，說過「喂」後，你應該馬上說出自己的姓名。

　　談完了話時，那聲「再見」也要說得輕鬆，不要顯得唐

突，在談話結束時，不管談的結果如何，即使對方對你的要求沒有給予肯定的答覆，也不要降低了聲音或表示沒有興趣再談的語氣。

如果你在通話的中途必須跟身旁的人講話，那麼應先向通話的對方抱歉一聲，再用手遮住話筒，是以不說出些引人誤解的話。

如果身旁發生了什麼事，必須掛斷電話時，應先簡短道個歉或解釋一下再說「再見」。假如你告訴對方，你等一下會再打電話給他，那你就要盡可能快點打過去，免得對方等。

(3) 簡明扼要

生活忙碌的人一定很欣賞甚至感謝打電話來的人說話簡潔扼要。與人通話時，除了說話要講究禮貌外，還要注意談話時間不宜過長，這樣不僅影響通話，而且別人打給你的電話也進不來了。

通話結束後，也不宜不明不白地將電話掛了，而應該禮貌地說聲「再見」，這是通話結束的信號，也是對對方表示尊重。

重要事項要預先做成紀錄，並在心底默念一番。待正式撥通電話時，就不至於亂了頭緒而說不出口。

(4) 控制情緒

當你心情不好，打電話要注意語氣和聲調。因為情緒不佳，說話的語調往往會生硬、呆板，而對方又不知道你的心

事，容易引起誤會。

　　有時事情很急，希望能用最簡單的語言，最快的速度解決問題，這時，也往往容易忽視證據與聲調的控制，結果往往會適得其反。要把事情辦妥，必須注意語調從容，敘述清楚，交代明確，切不可開口就嗆人，讓人一聽就冒火。

3. 注意打電話時的禮儀

　　打電話是工作和生活中司空見慣的常事，有許多需要注意的禮儀規則。打電話應該是有限的和得體的，應該掌握好時間，盡量在朋友的空閒時間內通話。特別是國際電話，通話的兩地有時差，應盡量避免在午夜叫醒對方。電話語言應該簡捷明瞭，閒聊則應問一下對方是否有時間，應按彩色指示燈的規定行事，紅燈亮時，是告訴對方這是一次重要電話，非接不可，綠燈亮時則表示這是一次無關緊要的電話，對方正忙可以不接。打電話給辦公室裡工作的朋友時應先詢問一下對方時間是否合適，經對方允許後說話也務必注意簡短。社交中的電話多是邀請通知，聚會後的致謝，事後討論聚會雖可能是有趣的閒談，但也要徵求一下對方的意見，問清此刻閒談是否適宜。

　　其次，接電話時應先報出自己的電話號碼和地址，只報一聲「喂」是不禮貌的。僅是一聲「您好」也並不完全合

適，因為由此可能造成打錯電話的誤會，雙方文不對題地交談了一通才發現打錯了電話至少是浪費時間。只有商業業務通話才能用這種方式。當對方談完打電話的主要事項後又沒完沒了的閒談，而接電話的人不願奉陪時，可以這樣委婉道地別：「同您談話真高興，但我不能再浪費您的時間了，因為我知道您是很忙的。」

如果打電話時朋友不在，而他的電話是有答錄機的電話。打電話的人要像對朋友那樣講話，盡量簡明扼要而不說太多廢話，也不可立即將電話掛上，即使你明知對方在家而沒來接。電話與對方電話答錄機接通後，會先提出：「這是××的電話答錄機，請按照指示留下您的姓名、電話號碼和通話內容，我將回電給您。」接著答錄機會發出一種單調的嗶聲，打電話的人即可開始講通話內容。

以下是接電話的基本步驟：

1. 電話用語應簡潔，順當。電話鈴聲一響，就應立即拿起電話並自報出門：「你好！這裡是××公司××部門」；「你好，我是××」。

2. 電話用語要禮貌熱情，使電話聽者感到心情舒暢，留下美好印象。

3. 電話交流要認真理解，並對對方的談話給以必要的重複和附和，以顯示你給對方的積極反饋。

4. 一般應備有電話紀錄本，重要的電話做記錄。記錄的內容應該包括時間、地點、連繫事宜及要解決的問題。

5. 電話內容談完之後，應該讓對方自己結束電話，並以「再見」作為結束語。對方放下電話後，再輕輕放下電話以示對人的尊重。

4. 接聽電話的禮儀禁忌

需要注意的是，在商務交往中，不允許接電話時以「喂，喂」或者「你找誰呀」作為「見面禮」。特別是不允許一張嘴就毫不客氣地查一查對方的「戶口」，一個勁兒地問人家「你找誰」，「你是誰」，或者「有什麼事兒呀？」

萬一對方撥錯了電話或電話串了線，也要保持風度。切勿發脾氣「耍態度」。確認對方撥錯了電話，應先自報一下「家門」，然後再告訴對方電話撥錯了。對方如果道了歉，不要忘了以「沒關係」去應對，也不要教訓人家「下次長好眼睛」、「瞧仔細些」。

如果有可能，不防問一問對方，是否需要幫助他查一下正確的電話號碼。真的這樣做了，不是「吃飽了撐的」，而是藉機宣傳了本公司以禮待人的良好形象。

在通話途中，不要對著話筒打哈欠，或是吃東西。也不要同時與其他人閒聊。不要讓對方由此感覺到在受話方的心中無足輕重。

結束通話時，應認真地道別。而且要恭候對方先放下電話，不宜「越位」搶先。

在接電話時，再次要注意給予對方以同等的待遇。堅持不分對象地一視同仁。

極其個別的人，長著一對挑肥揀瘦的「勢利眼」。即使是接電話，也極為庸俗地「因人而異」、「對象化」的傾向十分明顯。他們在接電話時，一開始總是「拿架子」，「打官腔」。先是愛搭不理地問上幾句「誰呀」、「什麼事呀」，然後能推的事情就推，能踢的皮球就踢，「事不關己，高高掛起」。不過他們的「天氣」也不總是永遠這般「陰沉」，一旦聽出來對方是上司、是家人、是朋友，或是自己正在求助的人，立即就會「雨過天晴雲散盡」，低聲下氣，細語柔聲，卑躬屈膝，有求必應，不怕旁人說自己是一副奴才腔。這種不能平等待人的做法，既容易得罪人，也會讓旁人看不起。

在接待外來的電話時，理當一律給予同等的待遇，不卑不亢。這種公平的態度，容易為自己贏得朋友。

在通話時，接電話在的一方不宜率先提出中止通話的要求。萬一自己正在開會、會客，不宜長談，或另有其他電話掛出來，需要中止通話時，應說明原因，並告知對方：「一有空閒，我馬上掛電話給您。」免得讓對方覺得我方厚此薄彼。

遇上不識相的人打起電話沒個完，非得讓其「適可而

止」不可的話，說得應當委婉、含蓄，不要讓對方難堪。比如，不宜說：「你說完了沒有？我還有別的事情呢，」而應當講：「好吧，我不再占用您的寶貴時間了」，「真不希望就此道別，不過以後真的希望再有機會與您聯絡」。

九、
語言禮儀，並非多餘

1. 日常交際中的禮貌用語

　　一個人的文明禮貌主要表現在他的語言、行為和態度上。使用禮貌用語是文明禮貌的基本要求之一。

(1)使用日常生活中的見面語、感情語、致歉語、告別語、招呼語

　　早晨見面互問：「早安」，平時見面互問：「您好」。初次見面認識，主方可用「您好」、「很高興和你認識」，被介紹的一方可用「請多幫助」、「請多指教」。分別時說「再見」、「請再來」、「歡迎您下次再來」。特定情況的告別可用「祝您晚安」、「祝您健康」、「祝您一路順風」。得到別人幫助後說聲「謝謝」、「費心了」、「多虧您的幫助」、「實在過意不去」。有求於人說聲「請」、「麻煩您」、「勞駕」、「請問」、「請幫助」。打擾別人或有愧於人說聲「對不起」、「請原諒」、「很抱歉」。對方向您道謝或道歉時要說「別客氣」、「不用謝」、「沒什麼」、「請不要放在心上」。

(2)養成對人用敬語、對己用謙語的語言習慣

　　一般稱呼對方用「您」、「先生（或小姐）」。對長者用「爺爺」、「阿姨」、「先生」，不要用「喂」、「老傢伙」、「老太婆」、「老頭」等。對少年兒童用「小朋友」、「同學」，不要用「小傢伙」、「小東西」等。稱呼別人的量詞用「各

位、諸位」，不要用「個」，對自己或自己一方的人可以用「個」。例如：對方問「幾位？」自己答「×個人」。

(3)多用商量語氣和祈求語氣，少用命令語氣的語句或無主句

如「您請坐」、「希望您一定來」、「請打開窗戶好嗎」、「請×××同學回答」、「請讓開一些」。這樣語詞和氣、文雅、謙遜，讓人樂於接受。

(4)說話要考慮語言環境

即不同場合，不同情況，談話人的不同身分，談什麼事情，需要用什麼語詞、語調和語氣。因為同一個語詞，用不同的語調和語氣在不同的場合、情況下會產生不同的效果。例如「對不起」這一個語詞，因說話人的語調、語氣不一樣，可以是威脅、諷刺，也可以是表示歉意。又例如商業工作者出於工作和禮貌需要，見矮胖型的女顧客應說「長得豐滿」，見瘦長體型的女顧客應說「長得苗條」。其實「豐滿」和「苗條」是「肥胖」和「瘦長」的婉轉說法，但前者易為別人接受。其次，要考慮不同的對象。一般來說，我們相見習慣說「你吃飯了嗎」、「你到哪裡去」。有些國家不用這些話，甚至習慣上認為這樣說不禮貌。因此見了外國人就不適宜問上述話語，可改用「早安」、「晚安」、「你好」、「身體好嗎」、「最近如何」等。

（5）注意說話的空間和時間

談話人的身分各異，如果是長者、上級、師輩，談話的距離太近和太遠都是失禮的。男女之間談話，距離則不宜太近。說話的時間過長（使人疲倦厭煩），過短（對方不明瞭意思），中途停頓（意思表達一半就不說了），都是不太禮貌的。

總之，要根據時間、地點、對方的身分（年齡、性別、職業等）以及和自己的關係，恰當地選擇禮貌用語。

用好禮貌用語，需要不斷提高語言修養。這可以從以下一些方面入手：

- 要杜絕髒話、粗話、罵人話。

- 要掌握基本的文明禮貌用語。

- 要克服個人情緒對自己的干擾。比如，高興時用禮貌用語，不高興時也要堅持；稱呼他人，關係好時和有了摩擦一個樣，更不能惡語傷人，不要使自己的不良情緒影響禮貌用語的使用。

- 要家裡家外一個樣，私下和公開場合一個樣。不能在工作崗位時對人彬彬有禮，回到家就滿口粗話；在公開場合談話時講文明禮貌，在私下交談則語言骯髒、充滿低級趣味。

2. 怎樣說「謝謝」

「謝謝」這個詞，有無限的內涵，不僅是禮貌用語，而且也是溝通人們心靈上的鑰匙。說「謝謝」時，應該遵循七條規則：

1. 說「謝謝」時必須誠心誠意，發自內心，表示確實有感謝對方的願望，並賦予「謝謝」這個詞一定的感情和生命。

2. 說「謝謝」時，要認真、自然、直截了當，不要輕描淡寫含糊地嘟嚕一聲，更不要怕別人知道你在道謝而不好意思。

3. 說「謝謝」時，應有明確的稱呼。透過稱呼被謝人的名字，使你的道謝專一化。如果你要感謝的是幾個人，那就不僅僅要說聲「謝謝大家」，還要一個個地向他們道謝。

4. 說「謝謝」時，要有一定的體態。頭部要輕輕地一點，目光要注視著你要感謝的人，而且要伴隨著真摯的微笑。

5. 說「謝謝」時，要選擇恰如其分的時機。這樣才使對方切實感到你是在對他的高尚行為和禮貌言行進行回敬和酬謝。

6. 說「謝謝」時，要及時注視對方的反應。如果對方對你的道謝感到茫然時，你要及時用簡潔的話語道出向他致謝的原因，這樣才能使你的道謝達到應有的目的。

7. 說「謝謝」時，也要注意在特殊場合、特殊人員中的運用。譬如，當別人不曾想到或感到值得感謝時，你若親切地脫口而出地說「謝謝」，那麼儘管是情理之中，也會使對方感到意外，這時的一聲「謝謝」收到的效果將是平時萬聲「謝謝」所達不到的。

3. 向別人提出請求

（1）要注意禮貌

請求別人幫助，無論大事還是小事，都要注重一個「請」字，不要認為是別人「理所當然」的事。如果對人開口稱「喂」、閉口稱「喂」，那非碰壁不可。另外，對別人的幫助表示感謝應該說得真誠。如你請朋友幫助找到了一本早想要的書，你可以這樣說：「謝謝了，沒有你的幫助，我恐怕沒辦法大飽眼福了。」

（2）要注意方式

請求別人幫助，如果不是緊急的事，最好是在別人愉快或空閒時間，當別人情緒不佳或事務繁忙的時候，最好不要打擾別人，因為此時的請求效果可能適得其反。另外，在請求方式上，說話的語言要婉轉，給對方充足的時間，不要催促過緊，以免使對方左右為難。

（3）要注意場合

　　請求別人幫助解決某些問題，要根據問題的性質，該上門拜訪的不要到對方工作地點詢問；該個別交談的不要影響家人；該借助書信請教的不要電話連繫，要盡量體諒對方的難處，特別是自己曾幫助過對方的，更不能有意無意地對對方施加心理壓力，以免使對方感到為難和尷尬，影響幫你辦事的積極性。

（4）要注意原則

　　當你請求別人幫助解決的某些問題，對本人來說可能是正常的，但對別人來說，由於工作性質和部門不同很有可能有「開後門」之嫌。在這種情況下，要全面考慮，掌握求人辦事的原則，以免給別人增加負擔，影響別人正常的工作，造成不良的後果。

（5）要注意真誠

　　請求別人幫助的事，要真實地向對方講清辦事的目的，不能有意把事情的難度縮小，更不能掩蓋事情的真面目，使對方只知其一不知其二。這是對朋友不信任和自己不誠實的表現，其後果是很不好的。

（6）要注意互助

　　請求別人幫助解決困難，這是朋友之間正常的事，但不能「有事找上門，無事不登門」，更不能當朋友有難處時，自己不聞不問。

4. 提出約會的竅門

　　約會，即人們透過事先約定相互接觸以加深了解、增進感情的一種交往方式，是社交活動的重要組成部分。

　　一般來說，約會包括兩個過程，一是定約，二是赴約。這兩個過程都有一定的規範需要遵守。

● 提出約會者要事先透過電話、面談或互相轉告等方式規定好約會的詳細時間、地點和內容，不能有模糊不清或遺漏的事項。

● 提出約會者，特別是雙方已確定好了約會時間後，不能擅自取消約會。如因故不能準時趕到或必須取消約會，則要設法提前告訴對方，而且應把不得已取消約會的原因講清楚，求得對方的諒解。

● 當約會日期到來之時，提出約會者應按約定的時間，早些到達見面地點，準備迎接被約者。提出約會者如果遲於被約者到達見面地點，是一種失禮的行為。

● 提出約會者，在約會中應保持儀容整潔，服裝得體大方，要與約會場合的氣氛協調一致。

● 約會過程中，提出約會者要保持穩重和禮貌，言談舉止要適時、適度。要認真傾聽被約者的談話，尊重被約者的意見，對被約者的一些不當行為，不要求全責備。

● 約會結束時，要主動向被約者問候，熱情告別，並相約下次再見。

5. 在舞會中怎樣與舞伴對話

1. **對年長者說話要彬彬有禮。**如果與年長者共舞，年輕的一方首先應注意自己的舉止。舉止大方，笑容可掬無疑會使對方產生親切感。再加上得體的言談，更會使年長者心情舒暢，雙方交談會親切自如。有這樣兩個例子，兩種不同的對話，產生了兩種不同效果。

例1：男舞伴（50歲）女舞伴（19歲）

男：「請小姐跳舞。」

女：表示冷淡。

共入舞池，女方舞技出色，男方略遜。

男：「我跳得不好，請見諒。」

女：「我也瞎跳。」女方語氣生硬，顯得漫不經心，並諷刺男方「是瞎跳」。

男：「哪裡，小姐舞跳得很好。」

女：「反正湊合著跳唄，不就是跳舞嘛！」

如此對話，男方再寬容也不能不計較了，即使勉強跳完一支曲子，也失去參加舞會的意義，雙方都不愉快，也不會再接觸了。

例2：男舞伴（50歲）女舞伴（19歲）

男：「請您跳舞，小姐。」

189

女：「好的。」點頭微笑起立。

步入舞池。女方舞技出色，男方略遜。

男：「我跳得不好，請見諒。」

女：「沒關係。剛開始跳是會有點配合不太協調的。您放開跳，我跟得上，跳一會兒就會輕鬆了的。」

男：「小姐的舞是跳得很好。」

女：「您可別誇我了。剛學舞那陣我老是錯步子，害得人家老趕我的步子，嘻嘻。」

對話在友好氣氛中繼續下去。

男：「可以冒昧問一聲，小姐做什麼工作？」

女：「去年職校畢業，還沒有工作哩！」

男：「小姐有何專長？」

女：「我學的是英文打字，適用的公司不多，真把我愁壞了。」

男：「那就太巧了，我們公司正缺這麼個人，準備登報應徵，小姐願意去試試嗎？」

女：「真的嗎？」

男：「瞧，我還能騙你。這個是我的名片，一兩天內你就去公司找我，我幫你報名。」以上女方得體的對話，不但使跳舞和諧愉快，還獲得了意想不到的好運氣。如果是例 1 那個女孩子，老者是不會告訴她這個訊息的。

2. 陌生的青年男女在跳舞時對話要禮貌文雅。倘若陌生

的男女相邀共舞，談吐要禮貌文雅，落落大方。男性邀陌生的女青年跳舞，言辭要文雅禮貌，態度要不卑不亢，落落大方。對陌生的女青年絕對不能有粗俗之語，既不能貿然詢問女方的姓名、年齡，更不能在對方不情願的情況下打探其家庭情況、經濟收入、婚姻問題。

另外，在舞會中的交談應該是愉快的話題，切忌說些沒修養的話，以免引起對方反感，影響舞會的興致，甚至使人敗興。那麼有哪些話題需要在舞會中避諱呢？

- 各種有損儀容美的生理缺陷。
- 對女性應迴避的話題：如大齡女青年的年齡、婚戀等等。女性比男性更虛榮，更為敏感，因此，對話要更為細心，不宜觸及「雷區」，以免自討沒趣。
- 個人及家庭發生的（特別是新發生的）有失體面的事情。
- 骯髒或庸俗、趣味低級的話題。

6. 在酒宴上文明勸酒

逢年過節，親朋團聚，酬酢交錯，是人生的一大樂事。身為東道主，你必須既讓客人飲得盡興，又喝得適度，這要看你會不會勸酒了。

勸酒，實際上就是口才在酒場上的發揮。在宴席上侃侃而談，運用語言的功能來駕馭酒場的人，說話往往有以下特點：

（1）指導思想要健康

酒逢知己千杯少，喝到適度為最好。須明確勸酒並不只是「勸君更盡一杯酒」，還要適時地勸君少飲一杯酒。讓客人乘興而來，盡歡而去。

（2）開宗明義

大凡舉行家宴，或接風洗塵，或送別餞行，總有個說道，在舉杯之前，主人要有個開場白。比如為某人接風，可以說：「× 君一路風塵，遠道而來，有朋自遠方來，不亦樂乎！今天略備薄酒素菜，請來各位好友，為 × 君接風洗塵，請大家乾杯！」

開場白因人因事而異，不拘一格，但以簡短能表情達意就好。

（3）雅俗共賞

一桌酒席，少則 4、5 人，多則 8、9 入，其閱歷、稟性各不相同，因此，勸酒的語義也應有所區別，力求做到雅俗共賞。

（4）不卑不亢

酒宴如有上級光臨，主人不要受寵若驚。可表達致謝之意，如「感謝老闆前來助興！」、「歡迎老闆與大家同飲同

樂!」要少說溢美之詞,如「老闆百忙中光臨寒舍,使小屋四壁生輝……」讓人聽了不舒服。有的主人只顧和上級說話,勸上級喝酒,冷落了其他客人,這是要不得的。

在宴席上說話還要注意以下 7 戒:

一戒假意客套,過分勸酒。

二戒感情用事,互相吹捧。

三戒貶損他人,惡語中傷。

四戒自吹自擂,自我抬高。

五戒談論公事,失去原則。

六戒妄言穢語,酒後失態。

十戒借酒澆愁,牢騷滿口。

酒席宴會應成為文明應酬場所。宴會上,朋友敘舊,洽談生意,同行學友,交流知識,都會使宴會氣氛和諧,更有價值。真正做到:親切而不粗俗,熱烈而不輕佻,歡快而不放縱。

7. 弔喪時交談話題

人際交往中,弔喪是一種常見的,頗為重要的活動。中國古代把喪事看得比婚禮更重要,這是很有道理的。如果說,婚禮賀喜是「錦上添花」,那麼弔喪便是「雪中送炭」,它對悲痛的喪家是十分珍貴的。學會弔喪時的交談方法,對適應交際需要,慰問、安撫親友,傳達誠摯真切的感情,是很有必要的。

弔喪，又稱弔唁。據《辭海》註釋，弔唁，即「祭奠死者，慰問其家屬」。弔喪時的交談，應圍繞這兩個基本內容進行。一般說，有四種方式：

（1）撫慰性交談

人們失去親人時，心情悲痛，最需要別人的撫慰。弔喪時，首先要對死者家屬致。以親切慰問。如說：「我們全家向你們表示親切至誠的慰問！」，「你要忍痛節哀，保重身體！」，「全組同事們派我做代表，問候您全家。」

撫慰性談話，要帶著對死者家屬深厚的感情，有問候、有安撫、有勸說、有分析、有開導，努力減輕他們的悲傷。要多方面、多角度尋找話題，自然會有很多內容可談。

（2）詢問性交談

人在極度悲傷的時刻，很需要有傾訴衷腸的對象。心理學研究證明，讓那些十分悲痛的人哭訴一番，比把話鬱積胸間大為有益。他們會由此而感到一種滿足。因此，弔喪時可適當提些問題，引起死者家屬的話頭，讓他們傾訴。如果關係親近，自己又有能力協助，還可表示願幫助料理喪事，分擔一些雜務。即使是代買物品、代發報喪電報之類的小事，主人也會備感欣慰。《詩經》云：「嚶其鳴矣，求其友聲」，指的是人在最困難的時候，最需要朋友的幫助，詢問性交談從關懷、體貼、幫助入手，往往能談得融洽親切，十分自然。

（3）回顧性交談

如果時間允許，還可進行回顧性交談，即和死者家屬一起回顧死者生前的好品行。因為這能幫他們從悲痛的氛圍中暫時解脫，以無限深情緬懷死者。這時弔喪者本人也是個學習的好機會，是悼念死者的好形式。

（4）商討性交談

假如死者家屬很年輕，沒有料理喪事的經驗，那就可提出自己的想法，和他們商討一個恰當的方案，把多項應辦的事想周到。

弔喪時的交談還應注意如下「三要」：

一要使用委婉語。

二要語調親切，語氣和婉。

三要注意儀態。態度要嚴肅莊重，感情要真誠懇摯，要充滿對死者的哀悼，對家屬的同情。服飾要素雅清淡。

交談時間的長短應視情況而定。如弔喪者絡繹不絕，說話就要簡短，及時告辭；如喪家很冷清，則不宜匆匆告別，而應適當多談一會兒，以示安慰。

8. 掌握交際語言 7 要 6 忌

（1）7 要

①要熱情待人，積極尋找恰當的話題

合適的談話內容有利於彼此間思想感情的交流與溝通，可使雙方增長知識，精神生活更加豐富。有人在社交中常常苦於無話可說，尋找話題可注意以下幾個方面：

從社會的熱門話題中尋找。人們普遍關心的新聞，趣事最有吸引力。

從雙方的愛好中尋找，共同的情趣可使你們的談話妙語連珠，趣味橫生，津津有味，令人羨慕。

從雙方的工作內容角度尋找。相同的職業容易引起共鳴，不同的職業更具有新奇感與吸引力。

從彼此的經歷中尋找。經歷是學問，親身經歷過的人和事往往會給你留下極深的印象。這種交流最易敞開心扉，最易見到真情。

從雙方的發展方向角度尋找。人都關心自己的未來，前途與命運是長盛不衰的永恆的話題。

注意家庭狀況。談家庭生活並不一定就是俗氣。這類話題不必做準備，隨時都可談話，但有想法的人可以從中發現許多人生的哲理。

關注子女教育。孩子是父母生活的希望，孩子的教育牽

動億萬家長的心。憐子、愛子、望子成龍是家長的共同心理。談及孩子，即使是性格內向的人，也會眉飛色舞，滔滔不絕。

②談話要有波瀾，不能平鋪直敘

談話內容的深入要在高低起伏、跌宕變幻的節奏中進行。一味單調地重複司空見慣的內容，顯得很無聊。

靈活地運用誇張、比喻、賣關子、抖包袱等各種技巧，可使話題的展開更加豐富多姿，引人入勝。

談話者的語氣、神態要豐富多樣，驚訝、贊同、疑問、喜悅等要明顯地表示。

③要常用肯定語氣

對他人的想法和希望表示肯定和同情，贊同對方的所作所為，是談話中的基本禮貌，也是得到人心的重要前提。否定他人是一種冒險，也許你會因此而失掉許多朋友。

④要以開放的心態對待各種資訊

對你聽到的每一件事，要以開放的心態加以對證。不存偏見，不急於否定，也不急於肯定，而要有充分的分析能力，研究真理，不可偏聽偏信，要不停地從可靠的權威那裡尋找證據，以保證溝通的可信度。

⑤要用「不知」去滿足對方的優越感

在社交中，誰也不願單做一個被動的聽者，只聽別人敘說，更多的人喜歡表現自己的思想和見解，若能充分地展示

自己的優越之處，心理上便可獲得一種滿足感，這叫「優越感作祟」。表示自己「不知」，便給對方創造了一個躋身能者之列的機會，這是使他親近你的最好手段。

⑥要掌握語言環境

要使談話有魅力，首先要掌握語言的環境。在特定的場合下，必須要講適合環境的語言。如義大利總統佩爾蒂尼訪華時，在北京大學受到熱烈的歡迎，在回答青年們的敬意時，他很風趣地說：「我在青年面前算不得什麼，如果你們能給我青春，我寧願把總統的職務交給你們。」一句「願以總統換青春」的話語，因同大學的校園環境相適應，所以贏得青年們的熱烈掌聲。

⑦要學會聽別人講話

首先要調整自己的情緒，使自己靜下心來，仔細地聽別人講話，不可心不在焉，一心二用。

要借助一些眼神和動作，如讚許的點頭、鼓勵的手勢等，使說話人感到輕鬆自然，沒有顧慮地把話說完。

談話人在說到興頭上時，會留下許多空檔，你若能及時地談出對方想要談出的內容，就同他的喜怒哀樂融為一體，對方將把你看做知己。

在說話人停頓時，提出一些與談話內容有關的問題來請教，證明你不僅在聽，而且在沉思，這種情況會使說話人大為感動，只是一味地聽，不提問不插話是不好的，提問和插

話的時機不當也是不好的。

　　耐心地聽別人把話說完，並加以分析，聽出弦外之音。

　　即使對方的話不準確或有錯誤，也不必當面妄加評論，
這是一種修養。

(2)6 忌

　　①忌出現爭辯時，把對方逼到山窮水盡的地步。

　　②忌說大話，過於賣弄自己。

　　③忌喋喋不休地訴苦，發牢騷。

　　④忌在朋友失意時，談自己的得意事。

　　⑤忌用訓斥的口吻。

　　⑥忌揚人隱私。

十、

表情語言，傳遞心聲

1. 臉是一個人最有代表性的名片

　　雖然人人都有一張臉，可是每個人的臉都是不一樣的，從這千差萬別的臉上，你可以發現很多祕密。按照民間的說法，額頭代表一個人的智力，鼻子代表一個人意志，而嘴巴卻代表的是一個人情緒。

　　認識一個人，首先就是從臉開始的，所以人們習慣把一個人的臉稱為名片或招牌。每個人對自己的臉都是特別關注的，對自己的臉皮都是很重視的。對任何人來說，臉都是非常重要的。

　　有人用 8 個漢字的形體來概括臉的種類，這 8 個漢字是「童」、「田」、「貫」、「木」、「丁」、「甲」、「由」、「申」。其中，「童」、「田」、「貫」、「木」 被認為是好相貌，而「丁」、「甲」、「由」、「申」被認為是醜相。從視覺上看，前者自然比較耐看，後者就可能有礙觀瞻了。

　　一個人的臉就像文字一樣把每個人的情況反映了出來。

　　在民間流傳著這樣的話：「上庭長見君王，中庭長福祿昌，下庭長終生忙。」仔細地觀察人的相貌，這些話是很有道理的。

　　中國古代有很多關於看相的書籍，比如什麼《麻衣神相》、《一掌經》等，其中絕大部分是迷信，很難找到科學依據。這些書籍都傳到了日本，就變成了諸如《神相全篇》、

《神相全篇正義》、《南北相法》《相學辨蒙》等，在這些書中，臉從正面橫著被劃分為 3 等份。

第 1 部分是上部，也就是所謂的「上庭」。這一部分在雙眉連線以上、以額頭為中心，代表人智力、理性。這是因為額位於頭的最重要的部位，所以人們附會出這種論斷。

第 2 部分是中部，也就是人們所謂的「中庭」，包括眼睛、臉頰，以鼻子為中心的部分，代表意志、自我。歐洲的人相研究者，重視這一部分，把重點放在目睛上，因為眼睛能夠反映出人的喜、怒、哀、樂，他們認為眼睛象徵著感情和情緒。

第 3 部分，下部，也就是認為經常說的下庭，以嘴為中心，因為嘴除了吃飯、說話，生氣時把嘴翹起來等之外，還有一個功能就是「接吻」，因此人們認為代表情緒、愛情和本能。臉上表現感情的肌肉中最發達的部分是眼睛和嘴的周圍。嘴被稱為愛情器官，也是食慾器官，所以有人認為這部分反映情緒、愛情和本能。

在觀察臉時，可以從兩個角度去看：臉的正面、側面。

臉的正面可以分為的 3 部分，第 1 部分是額頭、第 2 部分是鼻子、第 3 部分是嘴巴。

觀察臉部的表情、目可以了解一個人的內心狀態，這就是我們經常所說的「非言辭溝通」。

在所有「非言辭溝通」的範圍中，最不易產生爭論的，

就是臉部表情。因為這是最容易看到的表情，而且一目瞭然。每個人都見過「迷死人的模樣」、「過來吧！」的表情，或者一副「隨時奉陪」的眼神。

幫《訓練和發展雜誌》寫了一連串有關「非言辭溝通」的文章的喬治·彼特表示，不愉快或迷惑可以借助皺眉來表達；嫉妒或不信任時會將眉毛上揚；而敵對的態度是以繃緊下顎的肌肉，和斜眼瞪視表示。此外，一個常見的姿勢是下巴向外突出，就像一個生氣的小男孩反抗父母時所做的表情。同時當一個人採取敵對的態度而繃緊下顎肌肉時，注意看他的嘴唇，一定也是緊繃著的，這表示他已擺出一種防衛姿態，而且盡量不再說話或做出任何反應，這可能就是「嘴緊」這個名詞的來由。

一般來說，回憶某一個人時，首先回憶起的是什麼呢？回憶起的不是他的服裝、態度、語言、姿態或走路的樣子、習慣等等，而最先回憶起的往往是這個人的臉。

如果讓一個天真質樸的兒童來畫一個人，無論他畫的是火星人還是章魚人或是其他什麼怪誕的人，他一定會畫出臉，儘管他可能會畫出沒有脖子的人，但是絕對不會畫出沒有臉的人。

在我們日常會話裡，以臉、面代替人的情況往往很多，比如說遇見人，可以使用「拜顏」、「面晤」、「面接」、「對面」等詞語來表示。

在高明的人看來，每個人的臉上都掛著一張反映自己肉體和精神狀況的明細表。人的臉能夠反映出每個人的性格，因而透過臉的神采判斷人的性格是其實可行的。有些法官和檢察官在法庭上進行長時間的訊問。這並不是因為被訊問者的臉上沒有做出應有的反映，而是因為該法官或檢察官並非是高明的觀察者。

2. 面部表情是感情的晴雨表

當我們坐在大廳裡觀看演講者演講時，在他上場的那一瞬間，首先看到的是他的整體形象：瀟灑的風度，高雅的氣質，大方的步態，得體的打扮等。我們對比一一審視之後，在心中定格出演講者的形象，但進行下去時間一長，大家的眼睛會匯聚到演講者的一個部位 —— 臉部。這並非演講者有一張漂亮迷人的臉蛋，其實有些演講者並非如此。而是因為臉部是感情的晴雨表，聽眾可以從上面讀懂演講者的情感世界。

美國著名教育家卡內基在說到羅斯福演講時，說他全身好像一架表現感情的機器，他滿臉都是動人的感情。這樣使他的演講更有力，更勇敢，更活躍。

下面我們來看一些常見的臉部表情：

突出下顎表示攻擊性行為；

縮緊下巴表示畏懼和馴服；

撫弄下顎表示掩飾不安或胸有成竹；

傷心時嘴角下撇，歡快時嘴角提長，委屈時撅起嘴巴，驚訝時張口結舌，仇恨時咬牙切齒，忍耐時咬住下唇；

下顎上抬，把鼻子挺出，是傲慢、自大、倔強的表現；

用手摸鼻子，是懷疑對方；

用手摸耳垂表示自我陶醉；

以上羅列了一些臉部表情；如果它們互相配合，綜合運用，按照演講的內容要求，根據演講者的感情控制，會產生憤怒、害怕、高興、妒忌、喜愛、緊張、驕傲、悲傷、滿足、同情等感情。

首先從感情的兩個極端「愉快」與「不愉快」看臉部的活動情況：

愉快：嘴角後拉；面頰上提；眉毛平展；眼睛平瞇；瞳孔放大。正是「眉毛鬍子笑成一堆」。

不愉快：嘴角下垂；面頰下拉；眉毛緊鎖；面孔顯長。正是「拉得像個馬臉」。

自然可更具體些：

表示有興趣、快樂、高興、幸福、興奮的表情，臉部的組合方式為：眉毛上拋，嘴角向下，鼻孔開合程度正常，口張開，瞳孔放大。有時伴有笑聲，流淚或拍拉身體等動作。

表示蔑視、嘲笑等表情，臉部的組合方式是：視角斜下，眉毛平或撮，抬面頰。

表示痛苦、哭泣等表情，其組合方式是：皺眉、瞇眼、皺鼻、張開嘴、嘴角下拉，配合有聲傳遞。演講中此種表情不能過度。

表示發怒、生氣的表情，其臉部組合方式是：眼睜大，眉毛倒豎，嘴角拉開，緊咬牙關。此種表情最富攻擊性，演講中切忌過頭。

表示驚愕、恐懼的表情，組合方式為：眉毛高揚，眼睛與口張開，倒吐涼氣。

表示平和、自然的表情。這種表情實在是「無表情」，它是演講中臉部表情的主要體現。其臉部組合方式為：眉毛平、嘴角平、略提面頰。

在演講中微笑與平和都是臉部表情的核心。

3. 表情：透露情報的訊息之窗

有一些東西，是在語言之外卻又不亞於語言的。笑，便是其中之一。因為笑儘管沒有言詞，卻是除了人以外任何動物都發不出來的。一隻狗，躺臥在爐前地毯上，因痛苦而嗚咽，因歡樂而吠叫，我們自會明了它的意思，而不覺有什麼怪異之處；然而，如果它放聲開懷大笑呢？如果當你走進房間，它不是用搖尾吐舌來表示見到你時應有的歡愉，而是發出一串格格格笑聲 —— 咧著大嘴笑 —— 笑得渾身直哆嗦，

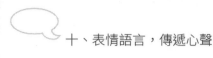

顯出極度開心的種種神態呢？那樣，你的反應必是驚懼和恐怖，如同聽到禽獸口說人語一般。而如果還有高於我們人類的事物存在，而當這種事物也同樣發出笑聲時，我們也將同樣無法設想。因此，笑聲，似乎主要是而且純然是屬於人——男人和女人的。

人類的笑種類很多，有苦笑，狂笑，媚笑，假笑等之分，但人同此心，心同此理，不笑則已，笑必定是一方面自己有什麼快感，一方面也要人發出快感，所以笑是愉快的表現，誰也不能否認。笑是一種複雜的神經反射作用，當外界的一種笑料變成信號，透過感官傳人大腦皮層，大腦皮層接到信號，就會立刻指揮肌肉或一部分肌肉動作起來，笑對於健康是有好處的。

小則嫣然一笑，笑容可掬，這不過是一種輕微的肌肉動作。一般的微笑就是這樣。

大則是爽朗的笑，放聲地笑，不僅臉部肌肉動作，就是發聲器官也動作起來。捧腹大笑，手舞足蹈，甚至全身肌肉、骨骼都動員起來了。

笑在胸腔，能擴張胸肌，使人呼吸正常。

笑在肚子裡，腹肌收縮了而又張開，及時產生胃液，幫助消化，增進食慾，促進人體新陳代謝。

笑在心臟，血管的肌肉加強了運動，使血液循環加強，淋巴循環加快，使人面色紅潤，神采奕奕。

笑在全身，全身肌肉都興奮起來，興奮之餘，使人睡眠充足，精神飽滿。

笑，也是一種運動，不斷地變化發展。笑的聲音有大有小；有遠有近；有高有低；有粗有細；有快有慢；有真有假；有聰明的；有笨拙的；有柔和的；有粗暴的；有爽朗的；有嬌懶的；有現實的；有浪漫的；有冷笑；有熱情的笑，如此等等。笑的形式多種多樣，千姿百態，無時不有，無處不在。

笑有笑的心理學，各行各業的人，對於笑都有他們自己的看法，都有他們的心理特點。售貨員對顧客一笑，這笑是有禮貌的笑，使顧客感到溫暖。做政治工作的人，非有笑容不可，不能板著臉孔。嬰兒笑得純稚，商人笑得虛偽，因為情緒及習慣，有笑出聲音，有微笑不出聲音。大抵可依據其笑的不同，而判斷一個人的性格和運勢：

(1)吃吃笑

這是一個愛好和平快樂的樂天派的人，喜歡看到好笑的事，對生命有熱烈的展望，全身充滿著活力。

(2)呵呵笑

這是深深地從肚子裡發出來的笑，這種人性格奔放開朗，從不自卑保守，願意冒險，能牢牢抓住稍縱即逝的機遇。為人隨和，因為令人開心所以得到別人喜歡，而他自己也喜歡與人相處。

(3)咯咯笑

這是一種高聲的笑，往往在嘈雜的環境之中也能聽到。這笑聲顯示他不禁制自己，天生便是聚會上的靈魂人物，喜歡講笑話，當面臨一個問題時，勇敢，也很有辦法。

(4)偷笑

這是一種很低的笑聲，也不是很長，有時別人未必能夠聽到。這顯示他常常看到一件事情有趣的一面，而別人未必能看得到。別人喜歡和他相處。

(5)鼻笑

這種笑是從鼻子裡哼出來的，因為他要忍住笑，卻又忍不住，便忍進了鼻子。這種人性格內向，為人害羞，不想讓別人注意，同時他也是謙虛體貼的，按原則辦事，又很在乎別人的感覺。

許多情緒都會引起哭，但頭號原因是悲傷，其次是興奮、憤怒、同情、焦慮和恐懼。人們對哭習以為常，但在科學家看來，哭如睡眠一樣，仍然是神祕的。

美國明尼蘇達大學的科學家對成年人的哭作了獨創性的研究，他們分析了兩種淚：一是受洋蔥味刺激流下的；一是情緒激動而流下的，他們發現兩者所含的化學成分不同。傷心的淚水裡含有兩神經傳導物質，它們分別與人的緊張情緒和體內痛感的麻痺有關，而淚水能將這些物質排出體外，造

成緩和緊張情緒的作用。85%的婦女和73%的男人說，他們哭了以後感到心情好受了許多。

　　大多數的哭發生在晚上7點到10點，在這段時間裡人們大多與親人朋友會聚在一起或者看電影。上述供研究用的傷心的淚，就是從一些看悲劇性電影的志願受試者那裡收集來的。

　　其實，正常時候，眼睛也會不斷分泌出少量淚液，形成一種薄膜以滋潤眼睛和為角膜提供氧。哭的時候，產生的淚液就要豐富得多。人們哭的時間長短不相等，短者2到3秒，長的達2小時左右，一般正常情況下哭泣的時間為一到兩分鐘。

　　女人哭的頻率是男人的5倍。在被研究的400個人中有94%的婦女報告說，每月哭一次或多次，平均來說，婦女每人每月要哭5次；55%的男人報告說，每月至少哭1次。但男人的淚多變，是淚水在眼裡淌著，很少潸然淚下或抽泣嗚咽。

　　為什麼婦女比男人更容易哭呢？這個原因雖不完全清楚，但有兩個因素是完全可以肯定的；一是男女體內激素的作用方式有差別，二是受社會習見的影響；哭表示軟弱，「男兒有淚不輕彈」，往往從孩提起，男子就受到這種思想和薰陶。

　　研究哭的專家卻認為：哭，這種人類所獨有的行為既然是在漫長的進化過程中獲得的，就必然有其生物學意義。哭很可能是導泄緊張情緒的一個重要的閥門，可惜的是，許多人，尤其是男人沒有充分利用它。

　　當小孩子對緊張情緒作出自然反應而哭時，大人強求他們忍住，這其實有害身體；有些成年人把感情隱蔽在心靈深處。儘管他們能做到強忍住悲哀的淚水而不露聲色，但是被抑制的緊張情緒總能找到某些管道逃逸，而這些管道就是潰瘍，結腸炎或者其他與緊張情緒有關的疾病。

　　哭和笑一樣，可以分成許多種類：東周杞梁的妻子哭她丈夫，那是寡婦淒怨的哭；賈寶玉偶爾一兩句話不對觸惱了妹妹，林黛玉便掩面而哼哼唧唧，那是打情罵俏的哭；曾子死了，曾哲竟因兒子而哭瞎了眼睛，那是發自天性的真摯的哭；楚霸王在烏江別虞姬高唱：「虞兮虞兮奈若何」而聲淚俱下的哭，那是英雄末路悲壯的哭；風流皇帝陳後主向人訴苦說：「此間日以淚洗面」那是追懷過往的抑鬱的哭；劉阿斗太子在晉武帝面前背完了「先人墳墓遠在岷蜀……」因為沒有眼淚便緊緊閉上兩眼來代替哭，那便是傻孩子的假哭。

　　上面列舉了許多種類的哭，雖然都是中國古代人的哭，但足以概括我們平時哭的種種了，如淒怨的哭，真摯的哭，悲壯的哭，抑鬱的哭，打情罵俏的哭，甚至假哭等等。

　　哭有如此多的種類，而每個人的哭相又各不相同，不同

的哭相，也可以暴露內心的情緒，並且，可以大致了解這個人的性格特點。俗話說：「大好之人以位自信；婦人懦夫以位著愛」。大致說的就是這個意思。

4. 沒有表情的人並非沒有感情

在人際疏離的社會中，有不少人不管聽到或看到什麼，甚至想到什麼，都會盡力壓抑自己的情感，不願在臉上透露一絲一毫。

遇到這種類型的人時，大部分的人都會不知所措，不過，沒有表情絕不表示沒有感情，臉部肌肉沒有隨著心緒的牽動而變化當然是不自然的。然而，沒有表情其實是最能顯現出一個人的感情。

例如，對上司有抗拒感的職員，有時就會裝出這種沒有表情的表情。其實無論他如何壓抑感情，旁人還是能察覺到他的表裡不一，正因為他極力想要壓抑內心的不滿，所以仔細觀察的話，就會發現他的臉部線條僵硬，扭曲而不自然。

人雖然是非常善於偽裝的動物，但只要不忽略人性的深層本質，加以細心觀察的話，就可以從中發現一些線索。

一個面無表情的人，一旦緊張起來，眼睛就會不由自主地眨動，鼻頭自然皺起，偶爾有臉部痙攣的情形。對於這樣的人，聰明的做法是不要去刺激他。有些上司還會不明就

裡，大大咧咧地對著臉色蒼白的屬下說：「你的臉怎麼啦？似乎在抽搐，有什麼不滿，就說出來吧！」這種話，無疑是在刺激這位拚命壓抑感情的部屬，是相當危險的舉動。

因為，抽搐的臉部，表示此人正努力地保持上司與部屬的關係，這時最好什麼都不要說破，改天再選擇適當場合，自然地溝通、開誠布公，才能解除部屬的緊張情緒。

5. 微笑是消除陌生感的心聲

就是說，可以對「笑容」有清楚的自我感覺。這樣，也就有一個笑的技巧問題了。

一般地說，溝通者的表情，要受到兩種因素的制約：一是對接受者的態度、感情，二是所表述的言辭內容，就對接受者的態度、感情來說，溝通者的表情基調應是微笑，一則因為微笑是和融洽的關係相契合的，微笑乃是社交上最好的非語言性信號；二則因為微笑時的面部肌肉容易控制，可以長久維持笑貌。就所表述的言辭內容來說，笑和笑的分寸的掌握就顯得更為重要。「面部是思想的螢光幕」，不同的話題、場合，就應有不同的表情表露，該嚴肅就不能笑，該笑就笑，該怎麼笑就怎麼笑。比如，在祝賀（獲獎、朋友生日）的場合，交談時一定要滿面春風，笑容可掬，使人感到你友情的真摯；在喜慶（結婚、壽辰）的場合，你除了錦心

繡口，還應當笑逐顏開，給大家增添歡樂的酵母；在笑語喧聲的聯歡會上，則不妨開懷大笑，直至達到笑的飽和；在正式會談（座談會、外交談判）中，即使是在「坦率的會談」（肯定有某些不同見解、甚至是意見截然對立的會談）中，雖然要求「不苟言笑」，然而也不宜死板著面孔。在這種場合，嘴角的一絲微笑使人顯得矜持高雅，大度包容，「微笑外交」甚至成為許多外交家為人稱道的風格。在這些場合，如果「一本正經」、面色陰沉，就將令人望而生畏、望而生厭、大煞風景了。當然，「笑不由衷」、「巧言令色」是容易被識別的，因此不論是哪一種笑，只有發自內心的笑、同對方會心的笑，才能真正使對方的心弦產生共振。至於在弔唁、葬禮、掃墓、傳送死亡通知書等場合，就絕對不能有一絲笑容，應當表現出肅穆、沉靜、傷感的樣子。

笑所持續的時長，一般可以顯示一定意義。西柏林自由大學卡斯滕‧尼米茲教授在對 18 個人的笑容及其心理動力進行了實驗分析後作出結論：大部分持續 5 至 7 秒鐘的笑是愉快的笑。最積極的笑一開始嘴唇要迅速運動，下巴翹起，頭向後轉，兩眼睜得大大的，看周圍人笑不笑。5 秒鐘以後，當頭向後轉得不能再轉時，主要現象出現了並產生面對面的愉快感：這時瞇半秒鐘眼睛，意味著頭要轉回來和意味著：「我看著你笑，但不是嘲笑你」。當兩個人的目光對在一起時，他們會立即轉移視線，去看別的地方。明顯使人生氣的

笑是緩慢的笑，這種笑或者是不瞇眼，或者是瞇著眼，但眼睛是慢慢閉上的，而且睫毛是豎著的，笑到最後，臉色就變了，而且表現出十分不快的樣子。2 至 3 秒鐘的笑則使人不解其意：「笑的人到底想對我們說什麼呢？」根據尼米茲教授的說法，「人們就這樣自然地把笑看做一種以無意識的方式對他們說話的信號。」

「相逢開口笑」是一種常用的見面體態語。無論是見到生人、熟人、長輩、小輩、同性、異性，都可以開口發笑。應當說明的是，開口笑並不是哈哈的咧嘴大笑，也不是嘻嘻逢迎的笑；前者使對方莫名其妙，局促不安，後者使人覺得嬉皮笑臉，話未開口先生戒忌之心。所謂開口笑只是指說話時面露微笑，帶有笑的色彩』，這是一種謹慎的需要收斂的笑。開口笑使人覺得和藹、可親、文明，所以說它是「儀表吸引」的一個構成要素。

在融洽的氣氛中，當對方發笑時，自己應有笑的呼應。言語交際不同於喜劇、相聲表演 —— 觀眾哄堂大笑，演員倒要不笑，因為演員一笑反而會抵消觀眾的笑。言語交際雙方笑的反饋，可以築成彼此交流的橋梁，感受對方的感情態度，理解對方的思想觀點，從而共同創造出理想的言語交際效果來。

笑是言語交際進行的潤滑劑，應當貫穿始終。當面對許多人時，最好在你和聽話人交融的笑聲中結束談話，使你的

笑貌音容在大家的腦海裡最後再打上一個印記。美國人戴爾·卡內基在所著《演講術》一書中曾轉引一位演說家的話，強調「必須在聽眾的笑聲中說『再見』」。即使是兩個人之間，結束談話時，也一定要留給對方一個愉快的印象，笑容便是結束談話的最佳「句號」。

微笑語。微笑語指運用不出聲的微笑來傳遞某種訊息的體語。

在公共關係活動中，微笑不僅是招呼朋友的無聲語言，而且也是婉拒的有效手段。如對不感興趣又不便直言相拒的問話，微微一笑可以表達歡愉、鄙視、憤恨、諒解、無奈、自嘲等多種語義。

在公共關係活動中，公共人員要善於區分微笑的不同意義，否則產生誤會，便極有可能一廂情願，為工作帶來損失。

據披露，二次大戰時，日本偷襲珍珠港事件爆發前的美日談判，日方代表曾報以可作善意和惡意兩種解釋的微笑，美方代表只知其一，不知其二，作出日方代表友好、親善的判斷，這也是麻痺並遭致重大損失的原因之一。

微笑是一種良性的臉部表情，反映出一個人的內心世界，是自信的象徵，禮貌的象徵，涵養的外化，情感的體現。在演講中可以象徵性格開朗與溫和，可以建立融洽氣氛，消除聽眾牴觸情緒，可激發感情，緩解矛盾。曾在哈佛

大學擔任校長 30 年之久的葉洛特博士說：「微笑是人際交往成功的催化劑。」

下列場合可運用微笑技法：

表達讚美、歌頌等感情色彩時應微笑。此時要博得別人笑，自己首先要笑。

上臺與下臺時應微笑。這樣可拉近與聽眾的距離，把良好的形象留在聽眾心中。

面對聽眾提問時送上一縷微笑是無聲的讚美與鼓勵。

肯定或否定聽眾的一些言行時，可以配合著點頭或搖頭，臉掛微笑。

面對喧鬧的聽眾，演講者可略停頓，同時臉掛微笑是一種含蓄的批評與指責。

表達一些與微笑不相背的情感時可微笑。法國作家阿諾·葛拉索說：「笑是沒有副作用的鎮靜劑！」

但是要提醒演講者注意的是，演講中不能從頭到尾一味微笑，否則讓人感到你像一個彌勒佛，沒有心計，覺得你帶了一個假面具上臺演講，沒有感情。尤其是不該笑的感情表達時更不能笑。如下段演講時：

「不是有人在坐車不暢時埋怨他們『亂哄哄，路不通，車不動』嗎？不是有些漂亮的姑娘品評他們是『多一個腦袋的電線杆』嗎？不是有人謾罵他們秉公處罰是自己給自己發

獎金嗎？不是有人更喪盡天良將車輪輾向我們這些可敬可愛
的馬路衛士嗎？」

下列情況請注意：

表達悲痛、思考、痛苦、憤怒、失望、討厭、懊悔、批
評、爭論等負面情緒時不能微笑。

你已完全放開，不覺緊張，沒有必要運用微笑來控制情
緒，鬆弛緊張時可不要微笑。

另外，演講中的笑要隨內容感情變化形式：有興奮喜悅
的笑，有冷嘲熱諷的笑。演講中既要注意用自己的「笑容」
去表達內容，感染聽眾，也要保證笑的價值，該笑則笑，不
笑則止。

6. 不同的笑代表不同的性格

笑是人最常見的面部表情之一。在人的喜怒哀樂的情緒
中，喜與樂的直接表現就是笑。

不過，我們知道，雖然是對同樣高興的事，各人的笑卻表
現出不同的形態。這是為什麼呢？當然這也是與不同的性格有
關的。下面就不同的笑態與性格心理的關係作一簡要介紹。

(1)捧腹大笑

捧腹大笑的人多是心胸開闊的。當別人取得成就以後，
他們有的可能只是真心的祝願，而很少產生嫉妒的心理；在

別人犯了錯以後，他們也會給予最大限度的寬容和諒解。他們比較有幽默感，總是能夠讓周圍的人感受到他們所帶來的快樂，同時他們還極富有愛心和同情心，在自己的能力範圍許可內，對他人會給予適當的幫助。他們不勢利眼，不嫌貧愛富，更不會欺軟怕硬，更加正直。

（2）悄悄微笑

經常悄悄微笑的人，除了性格比較內向、害羞以外，還有一種性格特徵就是他們的心思非常縝密，而且頭腦異常冷靜，在什麼時候都能讓自己跳出所在的圈子以外，以一個局外人的身分來冷眼觀察事情的發生、進展情況，這樣可以更有利於自己做出各種決定。他們很善於隱藏自己，不會輕易將內心真實的想法透露給別人。

（3）前仰後合的笑

笑的幅度非常大，全身都在打晃，這樣的人性格多是很直率和真誠的。和他們做朋友是不錯的選擇，因為當朋友有了缺點和錯誤以後，他們往往能夠直言不諱地指出來，而不會為了不得罪人而視而不見。他們不吝嗇，在自己的能力範圍許可內對他人的需求總是會給予幫助。基於這些，在自己遇到困難的時候，也會得到來自他人的關心和幫助。他們會使大家喜歡自己，能夠營造出良好的社會人際關係。

（4）常常偷著笑的人

小心翼翼地偷著笑的人，大多是內向型的人，他們性格中傳統、保守的成分占了很多，而與此同時，他們在為人處世時又會顯得有些靦腆，但是他們對他人的要求往往很高，如果達不到要求，常常會影響到自己的心情，不過他們和朋友卻是可以患難與共的。

（5）掩口而笑

笑的時候用雙手遮住嘴巴，表明這是一個相當害羞的人，他們的性格大多比較內向，而且很溫柔。但是他們一般不會輕易地向他人吐露自己內心的真實想法，包括親朋好友。

（6）爽朗的笑

開懷大笑，笑聲非常爽朗的人，多是坦率、真誠而又熱情的。他們是行動派的人，一件事情決定要做，馬上就會付諸行動，非常果斷和迅速，絕對不會拖泥帶水。這一類型的人，雖然表面上看起來很堅強，但他們的內心在一定程度上卻是極其脆弱的。

（7）斷斷續續的笑

笑起來斷斷續續，笑聲讓人聽起來很不舒服的人，其性情大多是比較冷淡和漠然的。他們很現實、實際，自己不會輕易地付出什麼。他們的觀察力在很多時候是相當敏銳的，能觀察到他人心裡在想些什麼，然後投其所好，相機行事。

（8）笑出眼淚的笑

笑出眼淚來是由於笑的幅度太大的原因所致，經常出現這種情況的人，他們的感情多是相當豐富的，具有愛心和同情心，生活態度是積極樂觀和向上的。

（9）笑聲尖銳

笑聲尖銳刺耳的人，其多具有一定的冒險精神，且精力比較充沛。他們的感情比較細膩和豐富，生活態度積極樂觀，為人較忠誠和可靠。

（10）不出聲的笑

只是微笑，但並不發出聲音，這多是內向而且感性的人，他們的性情比較低沉和抑鬱，較情緒化，而且極易受他人的感染。他們的性情較為溫柔、親切，能夠帶給人一種很舒服的感覺。

7. 有優點也有缺點的害羞者

據調查，約有 40％的成年人認為自己有害羞的心理，尤其是在交際中與陌生人，特別是與異性談話時，很多人都會有不同程度的緊張、拘謹和尷尬的感覺。心理學家對害羞者的優缺點所做的心理分析如下：

害羞的人完成工作時都是被動的、小心翼翼的。他們在

工作中不是考慮如何取得成功，而是擔心不要失敗，對承擔風險猶豫不決。

在社交活動中，害羞的人總感覺結交新朋友很困難，因此孤獨感往往很強烈。有的由於害羞而與人隔絕。

害羞的人的自卑傾向嚴重。他們往往對自己缺乏正確的評價，普遍對自我形象持否定態度。害羞的女大學生大都認為自己相貌平常，缺乏魅力；而沒有同這些女生見過面的男生對她們的照片的評價則是：其吸引力同那些交際花不相上下。

害羞的人並非全是弱點，心理學家認為：

1. 害羞的人一般都比較聰明，由於他們通常少言寡語，所以他們勤於思考，更機警。

2. 害羞的人比較可靠，因為他們性情穩定，不會說人長、道人短或搬弄是非，所以許多人都比較信任害羞的人。

3. 害羞的人不適合當領導者，但他們多是好搭檔。因為害羞者在群體中往往不愛搶出風頭，能多替他人著想，所以他們是良好的夥伴和合作者。

4. 害羞的女士更討人喜歡，因為她們比較嫻淑拘謹，不會嘰嘰喳喳。同時，多數男士認為，羞答答的女性會帶來一種神祕感，因而更有魅力。

5. 害羞的人通常受教育較多並喜歡閱讀。他們往往更能體諒別人，了解別人；在交談時，他們會很留心聽你談話，而不會中途打斷對方的話題。

6. 害羞的人通常可以成為知心朋友。當他認為對方可靠並待人以誠時，他會對對方忠心耿耿，努力去維護這種友誼。

7. 害羞的人往往會努力去維繫婚姻，對丈夫或妻子以及家庭比較關心和愛護，因此，害羞的人的婚姻往往能維持更長時間。

十一、
目光傳情，心靈窗口

1. 眼神不看對方，沒有好感

講話時眼睛是否看著對方，也即有無視線接觸，表明他是否對對方有好感或感興趣。

如果談話時，對方完全不看你，便可視為他對你不感興趣或無親近感。相反，我們走在路上，發現一個素昧平生的人一直盯著我們時，必定會感到不安，甚至覺得害怕。不相識的人，彼此視線偶爾相交，便會立刻撇開。這是由於每個人被看久了，會覺得被看穿內心或被侵犯隱私權之故。人們在等公車、在電影院門口買票時，會自覺地排在別人後面，這種現象主要是準備前進，也可避免與不相識的人視線相交。在隊伍中面對面而立的，大都是朋友、夫妻、親人等具有親密關係的人，借排隊的機會聊天或討論某些問題，以此來打發時間。這種情況，在我們的生活中時有發生。

綜上所述，我們可以得出結論，相識者彼此視線相交之際，即表示他們有意溝通心靈。但是，這種情況如果發生在婦女之間，則可能有別的意思。心理學家的研究結果表明：當婦女不願意把自己所想傳達給對方時，多半會發生凝視對方的行為。

心理學家 R·V·艾克斯萊恩等人曾做過一個實驗。他們事先指示受測者「隱瞞真意」。結果表明，注視對方的比率，男人會降低，女人則反而提高。在未事先指示的情況

下，男人在談話時間內有 66.8％在注視對方；可是有了指示後，卻只有 60.8％的時間在注視對方。女人在接受指示之後，居然有高達 69％的時間在注視對方。

在日常生活中，對方若久久凝視你而不移開視線的話，很可能有什麼心事要向你訴說。

2. 撇開對方視線，性格主動

在火車上或公車上，如果上來一位年輕貌美的女性時，所有人的眼光幾乎會集中在她身上。但是，青年男子往往會隨即把臉扭向一旁。他們對這位女性雖頗感興趣，但基於「探心術」中所謂的強烈「壓抑」作用，而產生抑制自己的行為。

假使他們有興趣時，便會偷偷斜視對方。這是由於他們想認識對方，又不願讓對方知道自己的心意的緣故。於是，為了不讓對方發覺自己在注視她，便會頸部不動，僅以斜眼看人。行為學家亞賓・高曼博士認為：「瞄上一眼之後，閉上眼睛，即是一種『我相信你，不懷疑你』的身體語言，並不是把視線移開，而是閉上眼睛後，再睜眼望一望，如此不斷反覆，就是尊敬與信賴的表現。」

心理學家 A・肯頓曾經做過一個實驗，研究人們在談話中，何時把視線移向對方。其結果表明，在談話剛開始和即

將結束之際，其比例有著顯著的增加。談話之初，將視線移向對方，是想引起對方的關注，即將結束之際，則由於想了解對方究竟聽進去多少。視線在談話中何時移開，情況又會怎樣？一般認為，首次見面時，先移開視線者，其性格較為主動。談話中有意處於優勢地位的人，也會先把眼光移開。一個人在談話中是否能占上風，在最初的 30 秒內就能決定。當視線接觸時，先移開目光的人，就是勝利者。相反，因對方移開視線而可能引起某種想法，是不是對方嫌棄自己，或者與自己談不來。因此，對於初次見面即不集中視線跟你談話的對象，應當特別小心地應付。

不過，同樣是撇開視線的行為，如果是在受人注意時才移開視線，那又另當別論了。一般而言，當我們心中有愧疚時，就會產生這種現象。一位名叫詹姆斯雪農的建築家，曾經畫了一幅皺著眉頭的眼睛的抽象畫，鑲嵌在透明板上，然後懸掛在幾家商店門前，希望借此減少偷竊行為。果然，在這幅畫懸掛期間，偷竊率驟低。雖然不是真正的眼睛，可是對有些做賊心虛的人來講，卻構成了威脅，他們極力想避開該視線，以免產生被盯梢的感覺。因此，他們不敢進入商店內，即使走進商店裡，也不敢行竊了。

3. 眼看遠處，對談話心不在焉

視線的方向也是觀察的要點。對方的眼睛看遠方時 —— 對你的談話不關心或在考慮別的事情。

當你很有誠意地對女友說話，她常常將眼睛注視別的地方，表示她心中正在盤算別的事情，或許因為對結婚沒有信心，也可能她另有對象，對你說不出口。出現這種情況，你最好不要往這方面去判斷，急躁地讓她說出實情。假使你太鑽牛角尖，可能會將事情搞糟，遺憾終生。你不妨用試探的口氣問她：「有什麼麻煩嗎？告訴我，我們共同解決。」她會馬上說：「其實很想對你說，很難開口……我以前有喜歡的人，這件事連我父母也沒提過。」

如果對方是非常重要的交易談判對象，他同樣會在心裡盤算，如何使交易變成有利的狀況。

看遠方的眼神中，也有凝視於一點或焦點不變的眼神。這種眼神表示對方心中在想其他事情。談生意的對象有這種眼神時，交易時要特別注意不要將大量貨物出售給他。因為對方可能支付不了貨款，或在想惡性倒閉；或者，對方是賣者，他所賣的貨物是次品，或者他經手的是別人的貨款想獨吞而潛逃。所以，對方有那種眼神時，應毫不客氣地問「你有什麼煩惱的事情？」從而從對方口中探知煩惱的原因。如果對方慌張地說「不！沒有什麼事……」時，應當斬釘截鐵

地與他中斷洽談，可以對他說：「以後再談吧。」對這種情況有調查的必要。

如果在某個會上，你發現一位出席者對坐在他正面的某位看都不看一眼。他對面的那位發言過後，你不妨問他：「你認為他的意見如何呢？」他如果立即予以猛烈反駁的話，則表明他們之間曾經有過爭論，或有什麼成見。

4. 不同的轉動，內心動向不同

談話時，對方的眼睛不同的轉動方式 —— 表現出不同的內心動向。

對方眼睛左右、上下轉動而不專注時，是因為怕你而在說謊。這樣做，多半是為了使你不擔心，而不將真相說出，或由於他自身的過失，無法向你賠償損失或償付貸款。在你一再追問的情況下，他口是心非，眼睛則左右、上下轉個不停。

其貌不揚的人來推銷產品，他說：「對不起！便宜貨賣給你了。」邊說著眼睛卻在左右、上下轉個不停。這個樣子很讓人討厭，任何人都會對這種人留有戒心，掂量他是否在撒謊。然而你身邊的人眼睛這樣動時，應該去判斷他是否表達著什麼意思。

幾個年輕女子在一起談笑逗樂，經常會把眼睛向左右、上下轉，表現出不沉著的樣子。

當你與某人做成一筆交易並到對方公司收款時，對方的眼睛若是向左右、上下轉地說「總經理出去了，明天再付給你……」對方這樣說，這是撒謊的表現。對方經常做這種表情，如果再繼續交易的話，難免會有風險。

對方眼睛骨碌碌地轉動，表示他一有機會就會見異思遷。

男士和女友或和自己的太太上街，他會情不自禁地注視來來往往的其他女性。從心理學來看，男性的這種移動眼神的舉動，是為了不失去客觀性的本能所自發出來的。相反，女性把一切希望都集中在男朋友身上，其本性只停留在主觀感情上，所以女性走在路上，除男朋友外，對其他男性一眼都不會去正視，只是含情脈脈地注視著身旁的男朋友，對他的一舉一動都非常關注。

你的女友若注視其他男性時，你的心情如何呢？不管怎樣，遲鈍的男性也能明瞭女性的心理。最重要的是，你去觀察她骨碌碌轉動的眼神。

我們觀看電視上的辯論比賽時，往往可以看到因為被抓住弱點而眼光向左右快速轉動的人。這是他正在動腦筋，試圖尋找反擊的證據。由於費盡心思，便會呈現出以視線快速轉動的現象。此外，人們在緊張或有所不安與戒心的時候，也會試圖擴大視界，以期獲取有關情報，好沉著應付，同樣會有類似的眼睛轉動的象徵。

　　眼球的轉動還有一種情況。我們可以回顧一下自己工作的崗位，當上司與屬下討論工作細節的時候，上司的視線必定會由高處發出，而且會很自然地直接投射下來。反之，為人屬下者，雖然自己並沒有做出什麼虧心事，但是，視線卻經常由下而上，而且往往顯得軟弱無力。這是由於職位高的人，總是希望對屬下保持其威嚴的心理作用。但是，也有例外。這與地位的高低無關，就是內向的人容易移開視線。美國的比較心理學家理查·科斯博士曾經做過一個實驗，讓很靦腆的小孩與陌生的大人見面，來觀測他們注視大人的時間長短。將大人眼睛蒙上和不蒙的情況相比較，發現小孩注視前者的時間，居然為後者的 3 倍。這就是說，眼光一接觸時，小孩的視線會立刻移開。由此可知，內向的人大都不會一直注視對方，而經常要移開視線。

5. 蔑視的眼神不一定有蔑視心理

　　斜向對方的眼光 —— 表示拒絕、藐視的心理。

　　人們聚集在一起或在工作場所會談時，常常可以看到乜斜對方的眼光。這種眼光的特性，是表示拒絕、輕蔑、迷惑、藐視等心理。

　　公司或商場間的競爭對手或其他競爭者之間難免會正面交鋒，互相之間常有用蔑視的眼神看對方。

乜斜而略帶含笑的眼神，有時也表示對對方懷有興趣。尤其在初次見面的異性間，經常能見到這種眼神，多出現在女性對男性上。男性看到這種眼光，可能會想：「這個人太驕傲了！」這種判斷就全錯了。這表示她對你感興趣而害羞。遇到這種對象時，鼓足勇氣和她攀談，輕蔑的眼神會變成最有興致的眼神。假使一位女性與一位男性初次見面，就射出過於熱情的視線，男性無形中會在心裡藐視她。

對方在談話中做這種藐視的眼神，出於拒絕和輕蔑的心理，表明一定有某種原因使他這麼做。如果你不聞不問，會讓你們之間搞得很彆扭。你應該謙恭地問明詳情：「不要一直沉默著，把要說的話都說出來吧！」如果這時對方仍然沒有反應，表明他拒絕了你的誠意。這種人大多自尊心強或有畏怯心理。他若與你彆扭起來，一時還難以解除，因此應當注意。

6. 戒備的眼神代表不信任或敵意

眼神發亮略帶陰險 —— 對人不相信，處於戒備中。

男女之間用這種眼神爭吵，表示雙方敵意、憎惡。在初次見面會談中，一瞬間也會接觸到這種眼神；受到朋友或同事的誤解，把事實曲解的時候，去解釋說明，對方往往也會出現這種眼神。

　　初次見面時，對方有這種眼神，表示在談話中你使對方產生某種的不信任和警戒。如果覺得自己並沒有使對方產生這種心理的做法的話，那可能是對方從其他地方聽到一些關於你的事情，或從介紹者那裡得到某種先入為主的情感。

　　到朋友、同事那裡去解釋，他們可能會說：「來幹什麼？現在還有臉到我這裡……」此時，他們如果有疑惑、敵意、不信任的眼光，表明對方已完全誤解了你，並存有戒心。為了消除你們間的誤會，你必須誠懇地向他們解釋，講真話，他們最終會接受你的解釋。因此，一旦受到別人的誤會，一定要誠懇解釋，才能消除誤解。

　　男性打扮太豪華的話，就容易受到別人的誤會，可能感受到某種發亮、略帶陰險的目光在注視著你。其實假如你本人是非常正派的人，你應在言談、禮貌方面加以注意，就不會招致別人的誤會。

7. 不滿的眼神，可能毫無表情

　　沒有表情的眼神 ── 心中有所不平或不滿。

　　有人認為，人與人之間互相沒有心懷不滿或煩惱時，才會做出毫無表情的眼神。這種想法是錯誤的。比方說，你若碰到婚前的女友，現在還當作普通朋友來往，你向對方說：「我正巧到附近，要不要一起去喝茶？」對方的眼睛會表現

毫無表情的樣子，她會說：「很久不見，還好嗎？」她一時臉上充笑，馬上又恢復無表情的眼神。此時的眼神表示內心不安，並且對現狀不滿。

情侶兩人在喝飲料的談笑之間，如果突然發生彆扭，女方說：「我要回去。」她站起來要走，眼神毫無表情。此時，她心中可能隱藏著不滿與不平。

性格懦弱的人，一旦被不喜歡的人邀去做客，如果一開始能拒絕掉當然好。偏偏這種人難以啟齒說出回絕的話，只好跟著後面走。此時，懦弱的人會出現無表情的眼神。遇到這種情形，一定要不假思索地問他：「你什麼地方不舒服嗎？」你就可以表現出關懷之意。無論你怎麼說，他都感到不高興，這是這類性格者的一個特點。

在衝突者之間也往往出現這種情況。對著挑戰的一方忍耐時有此情況，表明他處於一觸即發的狀態，千萬不要介入他們之間的紛爭。

人們沉思時的眼神各不相同，有的閉起眼睛，有的則呆滯地眺望遠方，還有的則會做出毫無表情的眼神。一旦思維整理妥當或產生新的構思時，眼睛則顯得很有神，或出現有規律的眨眼現象。這也是將要接著說話的信號。

綜上所述，眼睛確實會「說話」。只要我們掌握各項觀察眼睛的要領，在與人交往中，多加注意對方的視線，就會很清楚地了解到對方的思緒與心境。

8. 仔細領悟目光語言的運用方法

美國第四十任總統雷根出身演員，擁有高超的表演技巧，每次演講他都能充分運用目光語言。有時像聚光燈，把目光聚集到全場的某一點上；有時則像探照燈，目光掃遍全場。因此有人評價他的目光語言是一臺「征服一切的戲」。

演講中的目光語言很重要，用好目光語言要很有技巧，下面介紹運用目光語言的八種方法：

(1)前視法

就是演講者視線平直向前而弧形流轉，立足聽眾席的中心線，以此為中心弧形照顧兩邊，直到視線落到最後的聽眾頭頂上，視線推進時不要勻速，要按語句有節奏進行，要顧及坐在偏僻角落的聽眾。

(2)環視法

有節奏或週期地把視線從聽眾的左方掃到右方，從右方掃到左方或從前排掃到後排，從後排掃到前排。視線每走一步都是弧形，弧形又構成一個整體 —— 環形。這種方法要注意中間的過渡，由於其視線的跨度大，難免有為橫掃視線而轉動視線之嫌，演講時要注意銜接。此種方法主要用於感情濃烈、場面較大的演講。

（3）側視法

用「Z」形成「S」形運用視線。此法在演講中用得較多。

（4）點視法

在很特殊的情感處理與聽眾的不良反應出現時，可大膽運用此法，此法很厲害，對制止聽眾中的騷動情緒有很大好處。

（5）虛視法

即「眼中無聽眾，心中有聽眾」。這種方法在演講中使用頻率很高，尤其是初上場的演講者可以用它來克服自己的緊張與分神毛病，而不至於使自己看到臺下那火辣辣的眼神而害怕。這種方法還可以用來表示演講時的憤怒、悲傷、懷疑等感情。

（6）閉目法

人的眨眼一般是每分鐘5至8次，若眨眼時間超過1秒鐘就成了閉眼。演講中講到英雄人物壯烈就義，演講者與聽眾極度緊張，心情難以平靜時，可運用此法。

（7）仰視法和俯視法

在演講時，不要總是注視聽眾，可以根據內容運用仰視和俯視，如表現長者對後輩的愛護、憐憫與寬容時把視線向下；表示尊敬、撒嬌或思索、回憶時可視線向上。

要特別說明的是：

視線的運用往往是種種方法綜合考慮、交叉動用的，同時要按照內容的需求，押著感情的節拍，配合有聲語言形式與手勢、身姿等立體進行，協同體現。

十二、
手勢語言，意會心領

1. 手勢是有聲語言的必要補充

在人的身體的各個部位中，手是活動最為靈便的一個部分，人的手勢種類繁多、含義豐富，可以說在社交談話中，靈活多變的手勢是身體語言當之無愧的主角。因此，手的動作利用得好壞，往往在很大程度上決定著身體語言運用得成功與否。

在指點物品時，所指的是較大的物品時，則用全手掌指出；若指的物品比較小，那麼只用一根指頭 —— 比如食指 —— 去指就夠了，同時也應注意掌心要向外。

除了用手指點物品以外，其他一些類似的用手指示的情形中，也需注意手心向外這條原則。

下面再舉三個例子，說明運用手部動作時手掌的用法：

1. 在幫人帶路時，應對別人說：「請往這邊走」，同時，手指指示路方向，手掌朝向對方。
2. 向人指示較遠處的東西時，應告訴他：「在那裡」。手指指向物體所在處，手掌朝下。
3. 表示否決時的動作是雙手舉在胸前向外擺動，手掌朝向對方。

在手的動作中，還應注意以下兩個方面的問題：

第一：要以整個身體配合手的動作說話，不要單是大幅度打手勢。

　　第二：展示手掌時不應張開手指，不應翹起大指，正確的做法是把大拇指稍稍向內彎曲，其餘四指輕輕併攏。

　　手勢語言是透過手和手指活動所傳遞的訊息。它包括握手、招手、搖手和手指動作等。

　　手勢語言可以表達友好、祝賀、歡迎、惜別、過來、去吧、不同意、為難等多種語義。比如：雙手緊絞在一起，它顯示的意義是精神緊張；攤開雙手，表示真誠坦直；用手支頭，表示不耐煩；用手托摸下巴，表示老練、機智；雙手指尖相合，形成塔尖型，表示充滿自信；不自覺地用手摸臉、摸鼻子、擦眼睛，是說謊的反映；用手指敲打桌面，表示不耐煩、無興趣。

　　再如：握手是一種重要的常用禮節。

　　然而，握手所引起的傳情達意卻比一般禮節性要求的內容更豐富、細膩。如果發生與標準姿勢有異，則要研究其握手禮節之外的附加含義。握手既輕且時短，被認為是冷淡不熱情的表示，緊緊相握、用力較重是熱情誠懇的表示，或有所期待的反應。力度均勻適中，說明情緒穩定。握手時拇指向下彎，又不把另四指伸直，表明不願讓對方完全握住自己的手，是對對方的一種藐視。握手時手指微向內曲，掌心稍呈凹陷，是誠懇、虛心、親切的象徵。用兩隻手握住對方的一隻手，並左右輕輕搖動，是熱情、歡迎、感激的體現；反之，一觸到對方的手旋即放開，是冷淡和不願合作的反應。

2. 認真領會手勢的分類

我們首先看看列寧的演講。左手大拇指習慣插在背心肩口，較多用右手做動作。不過初講時他的動作也極少，講到後來時，就越來越多地用兩隻手做動作，尤其在講到激情、鼓舞等重要關口，還喜歡把身體迅速前傾，用力急遽地有力的向前一揮，用這一特有的典型手勢來加強演講的色彩和力量。

演講中，自然而安穩的手勢，可以幫助演講者平靜地說明問題；急遽而有力的手勢，可以幫助演講者昇華感情；穩妥而含蓄的手勢，可以幫助演講者表明心跡。下面看看演講的手勢分類：

指示手勢。這種手勢是用來指示具體真實形象的。分為實指和虛指兩大類。實指是演講者的手勢確指，它所指的人或事或方向均是在場的人視線所及的。如「我」、「你」、「我們」、「你們」、「這邊」、「上面」、「地下」、「這些」、「這個」等。其中以「我」為中心的動作居多，虛指是指演講者和聽眾不能看到的。比如講到「很久很久以前」、「在那遙遠的地方」。常用虛指可伴「他的」、「那時」、「後面」等詞出現。

指示手勢比較明瞭，不帶感情色彩，比較容易做。

(1)模擬手勢

用來摹形狀物的手勢，其特點是「求神似，不求形似」。因此有一定的誇張色彩，在一次演講比賽中，一個演

講者講到自己由於身患重病沒錢醫治，一個個素不相識的朋友給他寄來匯單、物品。在講到一個年僅五歲的小女孩那天到醫院給他送來一個大梨子時，他熱淚盈眶，雙手合抱，虛擬出一個大球形，好像這梨子就是代表了人們的真情實意。這手勢資訊量很大，昇華了感情。

（2）抒情手勢

一種抽象感情很強的手勢。演講中運用頻率最大。比如：興奮時拍手稱快；惱怒時揮舞拳頭；急躁時雙手相搓；果斷時猛力砍下。林肯那位做律師的老朋友赫恩登說，他對聽眾懇切地演講時，那瘦長的右手指自然地充滿著動人的力量，一切思想情緒完全貫注在那裡。為了表現歡樂的情緒，把他兩手臂舉成五十度角，手掌向上，好像已抓住了他渴望的喜悅。他講到痛心處，如痛斥奴隸制時，他更緊握雙拳，在空中用力揮動。

（3）習慣手勢

任何一位演講者，都有一些只有他自己才有而別人沒有的習慣性手勢，手勢的含義不明確、不固定，隨著演講內容的不同而體現不同的含義。列寧演講喜歡揮動右手用力地一斬，孫中山先生演講時常常拄著手杖，形成了他演講的獨特形象。

演講手勢貴在自然，切忌做作；貴在協調，切忌脫節；貴在精簡，切忌氾濫；貴在變化，切忌死板；貴在通盤考慮，切忌前緊後鬆或前鬆後緊。美國第 37 屆總統理察‧尼克森，在執政時做了不少事情，能被人們記得的不多，而他在演講時，動作和內容的不協調，卻成了他的軼聞。在一次招待會上，他舉起雙手招呼記者們站起來，而嘴上卻說：「大家請坐！」而另一次演講，他手指聽眾，嘴上卻說：「我，」然後又指著自己說：「你們……」這種配合不當的動作，使記者們大傷腦筋。

3. 常用手勢的蘊含意義

握手只是手勢的一種而已，而手勢的類型可以分為四類：

1. 象形性手勢，用來摹形擬物，使自己的表述形象化的手勢。
2. 情意性手勢，以手勢表達自己的思想感情。
3. 象徵性手勢，用來表達抽象事物的手勢。
4. 描示性手勢，用來表示說話者的某種指示。

人們運用手勢不宜過多，也不宜重複，過多的手勢，顯得手腳不穩，令人討厭；重複的動作，顯得單調乏味，缺乏創造性。這裡，我們介紹幾種人們經常使用的手勢：

(1)仰手

即掌心向上，拇指張開，其餘幾指微曲。手部抬高表示歡欣讚美、申請祈求；手部放平是乞丐討飯的動作，表示誠懇地徵求聽眾的意見，取得支持；手部降低表示無可奈何。

(2)覆手

即掌心向下，手指狀態同上，這是審慎的提醒手勢，演說者有必要抑制聽眾的情緒，進而達到控制場面的目的；也可表示否認、反對等。

(3)切手

即手掌挺直全部展開，手指併攏，像一把斧子「嗖嗖」地劈下，表示果斷、堅決、快刀斬亂麻等。

(4)啄手

即手指併攏呈簸箕形，指尖向著聽眾。這種手勢具有強烈的針對性、指示性，但也容易形成挑釁性、威脅性，一般是對相識或與演說者有某種關聯時才使用。

(5)剪手

即手切式的一種變異。掌心向下，然後同時向左右分開。這種手勢表示強烈的拒絕，毋庸置疑，演說者也可以用這種手勢排除自己話題中涉及的枝節。

（6）伸指

即指頭向上，單伸食指表示專門指某人、某事、某意，或引起聽眾注意；單伸拇指表示自豪或稱讚；數指並伸表示數量、對比等。

（7）包手

即五個手指尖相觸，指尖向上，就像一個收緊了開口的錢包。這種手勢一般是強調主題和重要觀點，在遇到具有探討性的問題時使用。

（8）推手

即指尖向上、併攏，掌心向外推出。這種手勢常表示排除眾議，一往無前的氣勢，顯示堅決和力量。

（9）撫身

即用手撫摸自己身體的一部分。雙手啟撫表示沉思、謙遜、誠懇；以手撫胸表示反躬自問；以手撫頭，表示懊惱、回憶等。

手勢作為人類無聲的語言，能夠很完整地表達人們的思想感情和情緒，手語就是聾啞人士之間情感交流的重要手段。按古人的說法，人的兩手是不同的，左手代表先天的命運，右手代表後天的造化。我們且不迷信古人的說法，但是手勢洩露著人們的心理微妙的變化是不可忽視的，抓住這一

瞬間，就可以獲得人際交往的精妙，從而成為交際能手。

4. 不同的握手表示不同的內心

行為是心理的體現，這一點還可以從手的表現上看出來。從「握手」、「易如反掌」、「袖手旁觀」等字句的探討可以發現，握手時表現人際關係最有力的情感傳達工具，利用手與手的關係，或是手的動作便可易如反掌地解讀出對方的心理，並且還可以不費事地將自己的意思傳達給對方。

握手是一種禮節，握手是什麼時候產生的呢？據說握手開始於人類仍然處於赤身裸體生活的階段。在開始的時候，男人之間初次見面通常要用手來掩蓋對方性器官表示友好。不久，這個動作逐漸演變手與手之間的行為。所以對原始人來說，握手不僅表示問候，也是表示手中未持有任何武器，是一種信賴的保證，包含著契約、發誓的觀念。

握手不僅僅是一種禮節，更主要的是可以暴露一個人心裡的祕密。

今天，在許多國家，握手是一種十分常見的見面禮，握手已經成為一種比較重要的人際交往形式，不管在公共場所，還是私人空間，都是不可缺少的禮貌行為。華人見面都喜歡握握手，說上幾句客氣話，表示一下親熱。有時，在表示祝賀、感謝、慰問等的時候，也可以用握手來表示。

但握手還不是全球性的禮節，並且在不同的國家，握手的方式也有不少差別。在有些國家，握手只在特定的場合使用。如在美國，只有在被第三者介紹後，兩人才可以握手。在日本，見面禮一般是相互鞠躬，而不是握手。在大多數講英語的國家，握手主要用在初次見面和分別的時候。在東歐一些國家，見面不是握手，而是擁抱。在有些國家人們對別人握他的手是忌諱的。

心理學家認為，既然握手有「用手了解對方」的目的，因此微妙的心理變化，都可透過握手讓對方感覺到。例如，如果握手時對方手掌出汗，表示對方心理處於不穩定的狀態，因為這表明對方汗腺處於興奮狀態。

從所表達的意思來看，握手可以表達很多強烈的意思。由於交往關係、交際背景的不同，握手可以傳達出許多不同的意思。一般在握手時，用力回握之人，具有好動的性格；不用力握手之人，缺乏氣魄，性格懦弱。

另外，在宴會等場合，跟陌生人很輕鬆自在的握手的人，具有旺盛的自我表現欲；先凝視對方再握手的人，表示想將對方置於心理上的劣勢。諸如此類，想了解相當細微的性格也絕不是不可能的事。

可見在握手的一瞬間有可能識破對方的性格。從這個意義上說，握手不僅僅是一種禮貌行為，而且還是傳達人際資訊的重要方法，因此觀察握手也是「察人」的重要途徑。

在人際關係當中，無論你面對的是什麼樣的人，都應該是真心誠意的。忠厚老實，心口如一，不藏奸，不耍滑。要知道，真誠可以為你帶來寶貴的財富。想成為一個道德素養高的人，就要有一些俠骨柔腸，就要光明磊落，襟懷坦白，使人如沐春風，這樣才能有個好人緣。

握手有力的男人與別人握手的時候熱烈有力，有時還要晃動兩、三下，就像要把對方的身體甚至五臟六腑也晃動起來一樣。這種握手的方式會給人留下深刻的印象 —— 這類男子的性能力是不容小覷的。

有的男人與女性握手的時候讓對方感到很溫柔，給人一種體貼、細膩的感覺。但是，行為學家們研究發現，這種男人具有很強的攻擊性，大男人主義傾向很嚴重。

先伸出手表示主動、熱情；慢慢地伸出手表示不大情願，心裡比較冷淡；緊緊地握住對方的手，眼睛盯著對方的臉，對方會覺得自己受到了足夠的尊重，心裡感到舒服。

相反，如果輕輕地握住對方的手，眼睛看著其它地方，對方會覺得被輕視，因而會產生不滿情緒等。

在握手的時候，如果一個人像一條死魚一樣有氣無力地伸出手，就會讓人立即感到他是出於應付。對方可能會感到這樣的握手不是出於自願，而是被迫無奈，不得已而勉強應付。可以說，這是最糟糕的握手方式。

握手本來是一種表示友好的方式，而卻讓人感到對方無情無義，這不是事與願違嗎？這種方式的握手所帶來的消極影響是很嚴重的，與其這樣，不如不握這個手。有些人是習慣成自然，並不知道這是不好的行為；有些人卻是明知故犯，有意叫別人難堪，這就太不應該了。

5. 不同心態的握手方式

有的人在握手的時候，用大拇指和食指緊緊地攥住對方的四指關節處，像一把老虎鉗夾住了別人的手，讓人感到很難受。這種握手方式由於用力過猛，常常帶給人一種不友好的感覺，顯示出一種以強凌弱、飛揚跋扈的神態。不言而喻，這種握手的方式自然是令人很不愉快的。身強力壯的男士與女士或身體比較弱小的人握手時，力氣不要用得太大了，更不要用這種方式握手。

在握手的時候，如果對方手心向下，這種人有支配人的慾望，這彷彿在說：「你好好地聽我的，我是你的上司。」國外有些專家研究表明，有些高級的政府官員、地位顯赫而權勢過大的人，他們一般是不與人握手的，不得已的時候，就會將掌心向下與人握手，以顯示出他們的支配地位。下級與上級、晚輩與長輩、推銷員與顧客等有主次關係的人之間，應該注意避免用這種手勢握手。

　　有些人與人握手的時候，只伸出四個指頭，好像很不願意的樣子。這種方式給人傳達出的訊息是不希望與對方握手，其原因或是害羞，或是自尊心不足，或是不尊重對方等。

　　女士與男士握手出現這樣的情況，可能是因為害羞或客套；男士與男士握手出現這樣的情況，可能是自信心不足或蔑視對方。這些都會給對方造成不良的影響，對方可能會把這種方式當成是一種侮辱的舉動。每個人都應該從這裡發現一些有用的訊息。

　　在日常生活當中，禮節性的握手是必不可少的。例如，親朋好友久別重逢，伸出溫暖的手，對方會感到一種受到了熱烈歡迎的氣氛。在與陌生人初次交往的時候，握手雖然沒有十分實在的意義，但這也可以表現出一個人的修養和氣質，給人留下一個美好的印象。這種禮節性的握手，很可能就會成為良好交往的開始。

　　在特定的人際關係之中，握手成了一種比較特殊的禮節。例如，上級到下面去檢查工作，名人與一般的人見面，主動與其他人握手，可以表現出上司和名人對他人的尊重、肯定和褒獎。

　　禮節性握手要注意對等和同步。如果一方伸出手來，而另一方半天都沒反應，那麼這就叫人下不了臺，讓人陷入了尷尬的境地。

　　握手可以達到語言難以達到的效果，主要表現在握手時

的力度、時間和方式上。握手時用力的大小，其實是內心情緒的表現，對方會十分敏銳地察覺到，可以從這一點上推測對方的內心想法。握手時比較有力，而且持續的時間較長，表明對方對自己的感情很深，或者是對自己有某種需求。透過握手所傳達的這種微妙的感情和訊息，有時真可謂「此時無聲勝有聲」。

有時，握手的擺動幅度較大，外人看起來很誇張，但這時可能正好表達了語言難以表現的意思。好友重逢，年輕的朋友再相會，往往會出現這樣的場面：他們互相抓住對方的手，用力上下搖動，似乎只有這樣才能表達自己的內心情感。此時此刻，他們的心貼得更近了。這種誇張的握手在男性之間比較多見，而用在異性間就不太適合了。

這種熱烈的場面也常常出現在政客身上。政客握手往往也很誇張，表現出一種「親密」和「真誠」。由於這樣的動作超乎尋常，所以很容易讓人感到虛偽和不真實。本來是平平常常的關係，而突然出現這種誇張的舉動，那麼，這人一定是另有他求了。

6. 注意手勢 30 式

演講的手勢可以說是「詞彙」豐富，千變萬化，沒有一個固定的模式，一個出色的演講者平時要認真觀察生活，刻苦訓練，積極付諸實踐。下面介紹演講中常用的手勢 30 式。

（1）拇指式

豎起大拇指，其餘 4 指彎曲，表示強大、肯定、讚美、第一等意。

（2）小指式

豎起小指，其餘 4 指彎曲合攏，表示精細、微不足道或蔑視對方。這一手勢演講中用得不多。

（3）食指式

食指伸出，其餘 4 指彎曲併攏，這一手勢在演講中被大量採用，用來指稱人物、事物、方向，或者表示觀點甚至表示肯定。手臂向上伸直，食指指向空中則表示強調，也可以表示數字「1」、「10」、「100」、「1,000」、「10,000」……演講中右手比左手使用頻率高。手指不要太直，因為面對聽眾手指太直，針對性太強。

（4）食指、中指並用式

食指、中指伸直分開，其餘 3 指彎曲，這一手勢在一些歐美國家與非洲國家表示勝利的含義，由英國首相邱吉爾在演講中大量推廣。我們在演講中運用時一般表示 2、20、200……

（5）中指、無名指、小指 3 指並用式

表示 3、30、300……。

（6）食指、中指、無名指、小指 4 指並用式

表示 4、40、400……。

（7）5 指並用式

如果是 5 指並伸且分開，表示 5、50、500……，如果指尖向上併攏，掌心向外推出，表示「向前」、「希望」等含義，顯示出堅定與力量，又叫手推式。

（8）拇指、小指並用式

拇指與小指同時伸出，其餘 3 指併攏彎曲，表示 6、60、600……。

（9）拇指、食指並用式

拇指、食指分開伸出，其餘 3 指彎曲表示 7、70、700……；如果併攏表示肯定、讚賞之意；如果二者彎曲靠攏但未接觸，則表示「微小」、「精細」之意。

（10）拇指、食指、中指並用式

3 指相捏向前表示「這」、「這些」，用力一點表示強調。若 3 指同時伸出，其餘 2 指併攏彎曲，也表示數字 8、80、800……。

（11）O 型手式

又叫圓型手勢，曾風行歐美。表示「好」、「行」的意思，也表示「零」。

（12）仰手式

掌心向上，拇指自然張開，其餘彎曲，這一手勢包容量很大。放置區域不同意義有別：手部抬高表示「讚美」、「歡欣」、「希望」之意；平放是「乞求」、「請施捨」之意；手部放低表示無可奈何，很坦誠。

（13）俯手式

掌心向下，其餘狀態同仰手式。這是審慎的提醒手勢，演講者有必要抑制聽眾的情緒，進而達到控場的目的，同時衣示反對、否定之意；有時表示安慰、許可之意；有時又用以指示方向。

（14）手切式

手剪式的一種變式。5 指併攏，手掌挺直，像一把斧子用力劈下，表示果斷、堅決、排除之意。

（15）手啄式

5 指併攏呈簸箕形，指尖向前。這種手勢表示「提醒注意」之意，有很強的針對性、指向性，並帶有一定的挑釁性。

（16）手包式

5 指相夾相觸，指尖向上，就像一個收緊了開口的錢包，用於強調主題和重點，也表示探討之意。

（17）手剪式

　　5 指併攏，手掌挺直，掌心向下，左右兩手同時運用，隨著有聲語言左右分開，表示強烈拒絕。

（18）手抓式

　　5 指稍彎、分開、開口向上。這種手勢主要用來吸引聽眾，控制大廳氣氛。

（19）手壓式

　　手臂自然伸直，掌心向下，手掌一下一下向下壓去。當聽眾情緒激動時，可用這手勢平息。

（20）手推式

　　見「5 指並用式」。

（21）撫身式

　　5 指自然併攏，撫摸自己身體的某一部分。這種手式往往成為一些演講者的習慣手勢置於胸前。雙手撫胸表示沉思、謙遜、反躬自問。如果以手撫頭表示懊惱、回憶等。

（22）揮手式

　　手舉過頭揮動。表示興奮、致意；雙手同時揮動表示熱情致意。

（23）掌分式

　　雙手自然撐掌，用力分開。掌心向上表示「開展」、「行動起來」等意，掌心向下表示「排除」、「取締」等；平行伸開還表示「面積」、「平面」之意。

（24）拳舉式

　　單手或雙手握掌，平舉胸前，表示示威、報復；高舉過肩或揮動或直錘或斜擊，表示憤怒、吶喊等。這種手勢有較大的排他性，演講中不宜多用。

（25）拳擊式

　　雙手握拳在胸前作撞擊動作，表示事物間的矛盾衝突。

（26）拍肩式

　　用手指拍肩擊膀，表示擔負工作，責任和使命的意思。

（27）拍頭式

　　用手掌拍頭，表示猛醒、省悟、恍然大悟等意。

（28）捶胸式

　　用拳捶胸，輔以跺腳、頓足，表示憤恨、哀戚、傷悲。演講中不太多用。

7. 從手勢中讀懂內心祕密

(1)涉謊手勢

當人們說謊或懷疑別人撒謊，當聽到逆耳的話或者看到他們不願意看的東西時，他就會下意識地摀住嘴，摀住耳朵或用手矇住眼睛。我們都知道，兒童毫不保留地使用這些手勢，表現得最為充分。比如，當一個調皮的兒童向父母和老師撒謊時，他就會不由自主地將嘴摀上，試圖阻止謊言出口；當小孩子討厭聽別人的教訓時甚至乾脆用手掌將耳朵摀上，試圖避開逆耳的言詞。不但小孩子如此，有的中青年也不例外。我們有時會看到一個人嘮嘮叨叨地向另一個人解釋一個論點，而這個人似乎聽夠了這些論點，因此，會轉過身去，或用手摀住耳朵。隨著一個人年齡的增長，人們的這種蒙眼、摀嘴和摀耳朵的姿勢就會變得更加微妙、更加斯文、更加隱蔽。

揉眼睛實際上是大腦試圖阻止「醜事」進入眼簾而作出的一種無意識的努力。也就是說，當人們看到討厭的東西時，他就會揉揉眼睛。有時，當一個人對別人撒謊時也會揉揉眼睛，或會低下腦袋，用以避開對方對他的盯視。我們可能見過，當父母訓斥小孩子時，小孩子往往會用小手揉揉眼睛，生氣地噘起小嘴巴，有時還會低下腦袋避開父母的眼睛。對有些父母來說，這種揉眼低頭的動作會使他們更加激

慣。有的父母面對孩子的謊言無計可施，但又想讓孩子「坦白交代」，因此，就聲色俱厲地對孩子歇斯底里道：「看著我的眼睛！說，你到底幹什麼了？」其實，父母的這種逼問只能增加孩子內心的恐懼，惡化他的消極態度，最後迫使他溜出家門。事實證明，這種訓斥孩子的方式只能適得其反。其實，小孩子在父母面前揉眼和低下腦袋的姿勢動作已經說明他在撒謊或有難言之處，如果他的父母換一種方式，耐心等待，那麼，想撒謊的小孩子很可能會向父母道出真情。

當女人撒謊時，她通常用指尖兒輕輕地觸摸幾下眼角兒。這很可能是因為她從小就養成的習慣，或是為了防止抹掉臉上的化妝粉。為了避開對方對她的盯視，她還會仰起頭，看著天花板或地板。總之，無論是低頭看地板，還是仰頭看天花板，無論是揉眼睛，還是觸摸眼角，這些動作都是人們撒謊、遲疑或討厭看到某物時，身體對大腦中消極思維的無聲顯示信號。而且，這些信號對他人來說也發揮著不同程度的消極作用。因此，在與人交談時應該避免做出上述動作。

美國的研究家們曾用角色表演的形式考驗那些對病人的病情故意撒謊的護士。觀察結果表明，說謊的護士使用這些手勢的頻率遠遠超過對病人講實話的護士。由此可見，當人們撒謊時，他們的身體便會隨之顯示出一種下意識的無聲信號。

（2）自悔自責的手勢

　　在許多情況下，用手搓脖肩處後方是一種自行譴責的信號。如上司布置一項任務而部下忘了，他在匯報時就可能搓著脖肩處後方。此時他也可能會立刻拍拍自己的前額或拍拍腦後。並誠懇地說一句表示歉意的話。因此，他拍拍自己腦袋的行為就好像是表示自責，用這種方式來譴責自己的忘性。

　　雖說拍腦袋是一種自我譴責信號，但是，腦後的不同部位也可以表示當事者在所處的環境中的不同心情。比如，當你查問你的下級是否按時完成了某項工作時，如果他只是用手拍拍前額，這就表示他可能沒有因為忘記而在你面前感到害怕或恐慌不安，只不過是感到有些不好意思。然而，如果他拍拍腦後，並用手搓搓頸背，這就表明他有些害怕了。

　　對於拍頭和用手搓頸背的手勢有人作過專門的研究，發現，就性格而言，那些慣於使用這些手勢的人往往比較消極、苛刻和喜歡吹毛求疵；而那些拍前額的人往往比較心直口快，直爽好交。

　　再一種表示自悔自責的手勢是用手抓自己的頭髮。研究表明：抓頭髮可表現出不滿、困惑、羞愧、悔恨、痛恨等層次的情緒。

（3）搓手透露出的心聲

　　人們搓搓手，除了由於寒冷要禦寒，或準備做某事表示

精神振作躍躍欲試外，還顯示了什麼樣的內心思想情感呢？

　　經過周密的觀察和反覆的研究，科學家們發現，搓手掌往往是人們用來表示對某一事情結局的一種急切期待心理，也就是說，當人們對某事的未來結果有一定成功的把握，或是期待著成功的結果，或者在一種不知如何是好而且又急切盼望盡快知道其結果情況下，手掌所流露出來的一種期待信號。比如，擲骰子的人在手中摩娑骰子是期待取勝；也是他對勝利充滿信心的無聲暗示；在運動會上，跳高或跳遠運動員在起跑之前，習慣先搓搓手掌，以示期待成功；一個推銷員神氣活現地走進經理辦公室，搓搓手掌，並喜笑顏開地對經理說：「經理，我們又談到一筆好生意！」這也暗示出推銷員對這筆生意的期待。然而，有時人們遇到難題，心急如火，不知所措時也時常搓搓手掌。在這種情況下，搓手掌表現了他的內心對事情結局的渴望和期待。

　　人們還發現，不僅搓手掌的動作具有一定的心理表現力，而且，人們搓手掌時的速度也有很多奧妙之處。更確切地說，一個人搓手掌速度的快慢將會暴露出兩種不同的思想態度，同時對他人也會產生兩種截然不同的影響。如你找一個朋友辦事，如果在交談此事中他快速搓動兩下手，你有理由感到欣慰；而他如果在說話時慢慢搓動手掌，則前景怕不太樂觀。

　　老於世故的某些推銷員在向顧客介紹產品時，有時邊講

邊迅速地搓幾下手掌，其目的是企圖使顧客對他的產品打消疑慮。而當顧客快速地搓搓手掌並說：「好，先讓我看看貨吧！」這就證明他八成有意定貨了。對推銷員來說，這是一個十分有利的信號。如果顧客慢慢地搓搓手掌，或者乾脆將雙手握起來，這就證明他八成無意定貨，對推銷員來說，當然這是一種令人失望的信號。

(4)尋求安全感的手部動作

在眾人面前，有時人們不使用完全胳臂交叉姿勢。因為這樣做會過分明顯地表示他們的緊張情緒和害羞心理。出於下意識掩飾，有時人們用局部的胳臂交叉姿勢來控制自己的感情。這種局部的臂交叉姿勢就是將一隻胳臂橫挎過胸前，並用這隻手握住另一隻胳臂。在社交場所，每當一個人處於陌生人之間或是缺乏自信心的時候，往往就會使用這種姿勢。

另一種局部的臂交叉姿式就是左右手相握，這也是一種防禦性的臂交叉姿式。同前者相比，這種姿勢顯得更加隱蔽，更加微妙。根據觀察，當人們上臺領獎或面對眾人講話時經常顯示出這種姿勢。有些人體語言學家認為，當兒童感到害怕、害羞或是感到不安全的時候，他就用一隻手握住或拉住母親的一隻手，這樣從心理上產生一種安全感。到了成年人，他仍會自尋一種安全的保障。因此就用自己的一隻手

握住另一隻手。研究表明，當人們初次上臺演講、照相，在陌生人面前或者在任何使人感到緊張或不安的場面中，人們就會使用這種臂交叉姿勢。所以，這也是一種自制信號。

(5)心中猶疑手中忙

在交談時，有人常常用右手的食指搔搔耳垂的下方，或用手搔搔脖梗，這又是一種什麼信號呢？有人對此作過研究，結果表明，這是一種表示懷疑和猶豫的人體信號。當你向某人提出一個問題，而他又一時拿不出確切的答案或主意時，他往往不是搔搔耳背，就是搔搔脖肩處。觀察證券市場中炒股的股民，他們在決定做多還是做空，吃進哪種股票時，大多數人都面對大盤閃閃爍爍的公司名稱和股價猶猶豫豫、左右觀望，同時手裡不是撓撓耳朵就是搔搔脖了。尤其在前段做虧了的小散戶更是難下決心。在這種「最後的鬥爭」方向的抉擇中，真焦急萬分，抓耳撓腮。一位女股民在臨決斷的前一分鐘竟一下連一下搔著自己的脖肩處。由此可見，當人們被迫做出一項重要決定之前，往往猶豫不決，或是我們常說的抓耳撓腮。而這種抓耳撓腮的動作正好向人們暗示了他猶豫不定的心理狀態。

更進一步的研究表明，搔脖肩處也是一種「懷疑」信號。當我們對某事產生疑慮時，往往會無意識地去搔搔脖肩處。應該提出注意的是，講話時，如果講話者總是用手搔脖

肩處，這就說明他對要講的內容沒有十分肯定的把握。因此，對他此時的講話內容我們需要慎重考慮，絕不可輕信。

對於搔脖肩處的行為有人作過專門的研究，並得出一個有趣的結論：一般人只搔 5 次，幾乎不少於 5 次，也很少多於 5 次。如果你對此心生懷疑，可以親自體驗一下，看看這一結論是否能被證實。

(6)沮喪情緒的流露

在談話過程中，有人時常將 10 指交叉起來。表面看來這種體語表示了自信。但大量的研究結果表示這是一種表示焦慮的人體信號。曾有專家對這一手勢作過專門的研究，證明這是一種表示「沮喪心情」的手勢。比如，當某人失去一筆好生意，當一個人失去他深深地愛著的情侶或失去一個「千載難逢」的好機會時，常常使用這一手勢。人的許多情感可以透過手掌流露出來。此處將 10 指交叉起來的動作實際上是在控制他的「沮喪心情」的外露。人們作這個手勢時，手的擺放通常有 3 個位置：10 指交叉，放在臉前；放在桌子上；坐著時放在膝蓋上，站立時垂放在腹部或雙腿分叉處的前面。

10 指交叉的姿勢有時也能暗示一個人的敵對情緒。研究表明，這種姿勢的高度跟一個人的沮喪心情及敵對情緒的強度密切相關。比如，手指交叉位置高的比位置低的人更難對付。在與做這種姿勢的人交往中，遞給他一本書或其他任何

物品，這樣，他緊緊交叉的 10 指就會自動打開。這樣，從心理上緩和緊張氣氛，以便同他作進一步的交談。

(7)高傲的手勢

　　大拇指體語一般顯示一種自負的心理信號，常被當事人用來表示自己「能耐大」。上級對下級、內行對外行、長輩對小輩常使用大拇指，以烘托其當年（當時、當地）的本事。若仔細觀察我們還會發現，這種手勢同人的性格和社會地位有著一定的關係。性格屬於外向者，那些穿著講究，有錢有地位的人，常有使用這一手勢的習慣。而那些性格屬於內向或性格軟弱，經濟地位低下，腰桿子不硬的人一般很少使用這一手勢。

　　此外，人們對大拇指還有另一種顯示方法。比如，在公共場所和有人交往的地方，有些人站在那裡，雙手插入兜兒內，2 個拇指從兜兒口伸出。起初，這是男性用來表示「高傲」態度的一種手勢，而今，有少數女性也時而使用這一手勢。有些人在做這種手勢的同時還經常蹺起他們的腳後跟兒，藉以傳遞給人一種更「高傲」的姿勢。透過對常使用這一手勢的女性的觀察表明，這些人往往追求時髦、態度高傲、性格強悍、甚至霸道。

　　坐著時，有人習慣將雙臂交叉在胸前，這是另一種拇指顯示。從這一姿勢所表達的思想內容來講，傳達的是一個雙

信號，既傳示出一種防備和敵對情緒（交叉的雙臂），又顯示一種神氣十足的氣概（雙拇指）。使用這一信號的人常給人一種「目中無人」、「唯我獨尊」的印象。由於這一手勢的消極性，導遊翻譯、外事工作者、飯店服務員、空中小姐、晚輩和上下級之間，應該避免使用這一信號。

(8)專橫的手勢

我們曾講過，手掌姿勢可以分 3 種：掌心向上、掌心向下和手掌緊握食指伸出。手掌向上是一種善意友好的姿勢，然而當你的掌心向下，事情的結果就會完全相反。那會讓做事情的人感到你的指示對他是一種命令，帶有一種強制性，因而會使他產生一種牴觸情緒。當然，這也取決於你同他的關係如何。比如，那個人是位與你享有同等地位的同事。他就有可能拒絕執行你的指示；相反，如果你的掌心向上，他很可能樂意執行你的指示。但是，如果那個人是你的下級，那麼掌心向下的手勢就有可能被接受，那是因為你的身分和地位賦予了你對這一手勢的使用權，所以那個人才會無條件的服從。第三種掌勢是最令人不愉快的手勢之一。這一手勢猶如敲打人的一根棍棒，給人一種帶有強制性和鎮壓性的感覺。這也是一種具有很大威脅性的手勢。如果用這一手勢來指示一個人做事，其後果就會不得而知了。

(9)掩飾不住的說謊焦慮

　　捂嘴是兒童和成年人都使用的一種最明顯的手勢之一。當人們撒謊時，大腦會下意識地指使人體去竭力制止謊言出口。因此，人們就不由自主地用手捂住嘴，並且用拇指按住面頰。有時，這種捂嘴的動作可能會出現幾種不同的形式。比如，說謊時有人只用指尖輕輕地觸摸一下嘴唇，或會將手握成拳狀，將嘴遮住。有些有經驗的成年人在捂嘴的同時還會故意咳嗽幾下，企圖以假亂真。然而，無論人們採取的是哪一種形式，這種捂嘴行為實質上仍然是企圖阻止謊言出口的一種人體信號。

　　關於捂嘴手勢所發生的情景，一般可分兩種：第一，自己對別人撒謊時使用這一手勢。撒謊者的捂嘴動作不僅是一種制止謊言出口的信號，而且也暗示出他內心的恐懼。第二，感覺到別人在說謊時使用這一手勢。在這種情況下，他的捂嘴動作仍然是一種自控信號。這就是說，當你聽到謊言時，你的大腦就會自動產生一種消極的反應。與此同時，為了不得罪對方又不便使自己的消極思維外露時，大腦就會指使你用手捂住嘴。這樣，你的有聲反應就不會出口。

　　對於經常發表演說的人來說，最令人不愉快的情景之一就是講話時看到聽眾捂嘴。假如你是演講者，在你講話的同時，發現你的聽眾不時地捂嘴，這就證明他們對你的講話內容產生了懷疑或是感覺你的話荒唐可笑。在這種情況下，一

個明智、有直觀能力的演講者就會暫時停止講話，並主動讓聽眾對你講的話加以評論，這樣，聽眾就會自動地挪開捂在嘴上的手，從而緩和與你的「對立」情緒。

用手指頭觸摸鼻子實際上是捂嘴手勢的另一種表現形式。撒謊時，有人習慣用手指在鼻子底下輕輕地觸摸幾下，這種觸摸的動作可能是迅速的，也可能是令人難以察覺的微妙動作。對於這一手勢的起源有幾種不同的解釋。有些人認為。當消極的思維進入大腦時，大腦下意識地支配手去捂嘴，但是，為了使這種手勢不被人察覺，人們就迅速地將想捂在嘴上的手移開，因此，一種迅速、文雅和隱蔽的摸鼻子手勢就應運而生。還有一些專家們認為，撒謊引起鼻內靈敏的神經端顫抖發癢，為了止癢，人們就用手摸摸鼻子。有人可能會想：「這也可能是覺得鼻子發癢。」一般說來，如果一個人的鼻子確實發癢，而不是在撒謊，那麼，他一般是用手揉或搔搔鼻子，而絕非是輕輕地觸摸幾下。

如同對嘴的警戒一樣，觸摸鼻子手勢也是一種企圖阻止謊言出口或對他人的講話產生一種消極反應的人體信號。同捂嘴手勢相比，觸摸鼻子手勢顯得隱蔽、更微妙。事實證明，成年人和老年人多使用這種手勢，而兒童和青少年卻很少使用。這主要和他們的經驗、年齡有關。我們將捂嘴到觸摸鼻子的過程說成「熟能生巧」是恰如其分的。

有些專家對說謊人的行為表現作過專門的研究，結果表

明，當人們說謊時，大腦思維會引發臉部和脖部靈敏的肌肉組織知覺刺癢。為了消除這種刺癢，人體就需要用手搔一搔。在意識到別人已經察覺他們在撒謊時，他們往往會抻抻衣領，這是因為，撒謊思維會引起頸部汗水的出現，並使人感到刺癢。而抻一抻衣領，使空氣在脖子周圍流通，就可以消除因此而產生的刺癢。專家們還發現，當人們生氣或感到沮喪不安時也通常使用這一手勢。

關於抻衣領是由於撒謊所致還是由於感到沮喪不安所致，還需要觀察和考慮這一行為所發生的情景。不過，如果你斷定他在撒謊，那麼，請你向他提出幾個問題，比如，「請您再重複一下您的意思」。這很可能促使他棄謊從實。

仔細觀察撒謊者，你會發現儘管他用心控制，但許多體語信號還是會出現，如音質發生變化，臉色改變，動作不自在，肌肉緊張或抽搐等。撒謊的焦慮是不容易掩飾的。

十三、
服飾打扮，先聲奪人

1.7 分口才須得 3 分著裝

「人靠衣裝馬靠鞍」。著裝藝術會直接反映出人的修養、氣質，與情操，它往往能趕在別人認識你或你的才華之前，向別人透露出你是何種人，是給人的第一印象。在這方面稍下一點功夫，定會事半功倍。

(1)服飾要講究配色藝術

色調是構成服裝美的重要因素之一。

一般來說，紅色熱烈，橙色興奮，黃色光明，綠色清新，黑色沉靜，藍色莊重，紫色神祕，白色純潔。以紅色為代表的能引起人們興奮、熱烈情緒的色彩稱為「積極的色彩」。以藍色為代表的給人以沉著、平靜感覺的色彩稱為「消極的色彩」。就色彩本身而言，協調的搭配法是同類色相配或近似色相配，這使人看著順眼、舒適、平和；而大膽、創新的搭配法則是強烈色相配或是對比色相配，使人看上去醒目，與眾不同。不同的色彩搭配法，所產生的效果也會截然不同。所以，你應該根據不同的場合所需，來選擇適當的色彩與搭配方法。

(2)服飾要注意款式的選擇

一個善於用服裝裝飾自己的人，在選擇服裝時，對款式的要求是很嚴格的，它既要適合自己的體型，又要與自己所

追求的風格統一起來。要想使衣著具有沉穩、高雅的風度，那麼衣服的款式一定要以簡潔大方為原則，流暢的線條，簡潔的式樣配以高級的質料，定能達到預期的效果。

衣著是人的外裝，口才是人的內涵。合乎場合的語言可以使你在工作上無往不勝。在正式的工作環境中，應選擇穩重、文雅的語言。即使平常喜歡穿著隨意，不修邊幅的人，在莊重的社交場合也不應過於隨便，那樣會使人產生不尊重別人的感覺。相反，在一些輕鬆愉快的社交場合，或個人的業餘文娛活動中，則可選擇活潑、鮮豔、式樣隨意一些的衣服，使人感到富有生活情趣，不拘一格。

(3)領導者服飾的禮儀要求

常見男女禮服

下面介紹社交活動中常用禮服的款式特徵及穿著要求。

A. 男士禮服。

晨禮服。多為黑色或灰色。上裝後擺為圓尾形。褲子一般用背帶，配白襯衫。黑、灰、駝色領帶均可。黑襪子、黑皮鞋，可戴黑禮帽。晨禮服是白天穿的正式禮服，參加典禮等活動用。

燕尾服，即大禮服。黑色或深藍色。上裝前擺齊腰平，後擺如燕尾。褲子一般用背帶，白色領結。黑皮鞋、黑絲襪。白手套，可戴大禮帽。大禮服是一種晚禮服，適用於晚宴、舞會、招待會、遞交國書等場合。

小禮服。也稱便禮服。全黑或全白。配白襯衫、黑領帶或黑蝴蝶結、黑皮鞋、黑襪子。一般不戴帽子和手套。小禮服適用於晚間 6 時以後舉行的晚宴、晚會、音樂會、歌劇、舞劇晚會。

　　B. 男女兼用禮服。

　　西裝。西服的樣式很多，領型有大、小駁頭之分；前門有單、雙排扣之分；扣眼有 1、2、3 粒之分；口袋有明暗之別；套件還有 2 件套（上、下裝）和 3 件套（上、下裝加背心）之不同。用作禮服的西裝應是上下身同色的深色毛料精製而成；繫領帶；穿黑色皮鞋；必要時還要配折花手帕。

　　C. 女士禮服。

　　旗袍。旗袍有各種不同的款式和花色。緊扣的高領，貼身，衣長過膝，兩旁開衩，斜式開襟，這些是旗袍的特點。在禮儀場合穿著的旗袍，其開衩不宜太高，應到膝關節上方 1 到 2 寸為佳。著旗袍可配穿高跟或半高跟皮鞋，或配穿面料高級、製作考究的布鞋。

　　常禮服。女子常禮服為套裙或連衣裙，一般顏色上下一致。可戴帽子和手套。但避免選擇透明、耀眼的質料。臂、肩、腿很少裸露。女子常禮服適用於參加遊園、會見、拜會、午宴、出訪、迎賓、觀禮等活動時穿用。

　　晚禮服。當男子穿大禮服出席晚會、舞會、歌舞劇晚會時，女子穿袒胸露背、拖地無袖的連衣裙，戴長手套。其款

式、質料有自由發展的傾向。當男子穿小禮服，參加晚宴、招待會等活動時，女子穿胸、臂裸露較少，長及腳背但不拖地的連衣裙式的禮服。

當前，東西方社交界對禮服的穿著有簡便化的趨向。除了一些宮廷或高層正式活動特別講究外，一般穿面料較好、做工考究的深色套裝即可。

②西裝穿著禮儀。

西裝是目前世界各地最常見、最標準、男女皆用的禮服。西裝與襯衫、領帶、皮鞋、襪子、褲帶等是一個統一的整體，它們彼此之間的統一協調能使穿著者顯得穩重高雅，自然瀟灑。下面按穿著時從內到外，從上到下的順序談談西裝的穿著禮儀。

A. 襯衫。

能與西裝相配的襯衫很多，最常見的是白色或其他淺色。領子應是坐硬領，衣領的寬度應根據自己的頸部長短來選擇。比如說，頸部較短的人不宜選用寬領襯衣；相反，頸部較長的人也不宜選用窄領襯衫。領口不能太大，也不能太小，以扣上領口扣子以後，自己的食指能上下自由插進為宜。袖長的長度以長出西裝袖 2 公分左右為標準。

襯衫在穿著時，長袖或短袖硬領襯衫應紮進西裝褲裡面，短袖無坐軟領襯衫可不紮。如果在平時，長袖襯衫不與西裝上裝合穿時，襯衣領口的扣子可以不扣，袖口可以挽起。如果與

西服上衣合穿，或者雖不合穿，但要配紮領帶時，則必須將襯衫的全部扣子都繫好，不能挽起袖，袖口也應扣好。

B. 領帶。

領帶是西裝的靈魂，在西裝的穿著中呈現畫龍點睛的作用。一件得體的西裝，配上一條精緻的領帶，會使你風度翩翩、神采奕奕。

領帶要求與服裝在花色和打結方法上格調和諧，渾為一體，給人以整體美。

領帶的顏色一般不宜與服裝的顏色完全一樣，以免給人呆板的感覺。在色彩的搭配上淺色服裝配上深色豔麗的領帶給人以熱烈奔放之感；深色服裝配上深色或深素色領帶則有莊重感；淺色或深色服裝配上淡色或素色領帶則使人感到文雅大方。

領帶的色調還要與膚色相協調。膚色深的，可選擇淺色，給人明朗的感覺；膚色白的，可選擇深色或豔麗的領帶，顯得精神健美。

領帶的顏色還應適合自己的年齡。年輕人應多佩帶色彩豔麗、花紋活潑的領帶；年齡大的人，則宜選用顏色較素、莊重大方的領帶。

繫領帶還得注意場合。正式、莊嚴、隆重的場合以深色為宜；在非正式場合，以淺色、豔麗為好。有些民族繫領帶也有禁忌，如阿拉伯人不繫綠色領帶，荷蘭人不繫橙色領帶。

C. 褲帶、西裝褲與鞋襪。

因西裝褲帶的前方顯露於外，因此，必須以雅觀、大方為原則進行選擇。一般來說，西裝褲帶的顏色以深色，特別是黑色為最好；帶頭既要美觀，又要大方，不要太花哨。褲帶紮好後，不應在褲帶、褲鼻上扣掛鑰匙等物品，以免讓人覺得俗氣。

西裝褲的選擇除要求面料質地較好與顏色協調外，還要根據自己體型確定大小。長短也需要注意，將褲扣扣好，兩腿站自，若褲腳下沿正好接於腳面，則最標準。太長，會影響西裝褲的筆直、挺拔與平整；太短，則可能在入座時露出腿部和腿毛，有失雅觀。西裝褲的兩側口袋不宜放置物品，特別是容易造成隆起的物品。

襪子應選長一些的，以坐下蹺腳時不露出小腿為宜。襪子的顏色最好是深色的，或者是西裝和皮鞋之間的過渡色。在正式場合穿西裝一定還要穿皮鞋，不能穿布鞋、涼鞋、球鞋或旅遊鞋。皮鞋以黑色最佳，偶爾也可穿深咖啡色皮鞋，皮鞋面一定要整潔光亮。

D. 西裝上衣。

選擇西裝以寬鬆適度、平整、挺拔為標準。當穿好西裝後兩臂自然下垂時，兩肩以及前後襟應無褶皺；兩袖的褶皺不顯；衣領要平整，無翻翹之處。

穿著西裝時一定要繫好領帶，保持西裝整潔、挺拔，皺

巴巴的西裝不能穿出去當禮服。同時，要注意外衣、襯衫和領帶顏色的協調。

西裝鈕扣的功能主要在於裝飾。在非正式場合，無論是單排扣還是雙排扣，都可以不扣，以顯示自然瀟灑；在正式或半正式場合，則應將單粒扣扣上，或將雙粒扣上面 1 粒扣上，個別西裝有 3 粒扣的，應將 3 粒中的中間 1 粒扣上。

西裝上衣的幾個前襟外側口袋，全部是作裝飾用的。除左上方的口袋可以根據需要放置折疊考究的西裝手帕外，別的口袋不應放任何東西，以保證西裝的「筆挺」。錢夾、名片卡、手紙、鑰匙等物品應放入西裝前襟兩邊內側的口袋裡。

③領導者飾品禮儀規範。

各種飾品的佩戴只有符合一定的禮儀規範與佩戴原則才能達到豐富魅力、展示高雅的效果。

A. 帽子。

帽子，從古到今都是人們的重要飾物。帽子，無論是質料、色彩，還是款式，都是多種多樣的。選擇帽子既要照顧款式，更應注意色彩、大小、高矮與自己膚色、體型、身材的關係。帽子既可正戴、亦可歪戴。不同的戴法產生不同的視覺效果和禮儀效應。一般來說，參加各種活動及上門作客、進入室內場所都應脫帽。

B. 墨鏡。

墨鏡又名太陽眼鏡。墨鏡在質料、色彩、造型等方面也

是千姿百態。因此，選鏡時應慎重，考慮到自己的臉型、頭飾、膚色等因素，注意整體效果。在進行組織領導活動時，不宜戴墨鏡。因有眼疾等需戴墨鏡時，應向他人說明並致歉意。

C. 耳環。

耳環的種類很多，常見的有鑽石、金銀、珍珠等等。耳環的形狀各異，有圓形、方形、三角形、菱形以及各種異形。耳環的大小不一，色澤也是五顏六色。選擇耳環主要應當考慮自己的臉型、頭型、髮型、服裝等方面。例如，長型臉，應佩面積較大的扣式耳環，以便使臉部顯得圓潤豐滿，而面部較寬的方型臉，宜選佩面積較小的耳環。女性領導者尤應注意場合的制約性，切忌隨意佩戴耳環，給人不在意的感覺。

D. 項鏈。

項鏈由不同的原料製成，有各種顏色、長度和造型。選佩項鏈，首先要考慮的是自己的主管身分和工作環境，然後才是自己的身材、衣服顏色等因素。一般說來，體型較胖、頸部較短的人宜選佩較長的項鏈，而不宜選用短而寬的項鏈，否則會更讓人覺得膀大腰圓；相反，身材苗條修長、脖子細長的人則最好選佩寬粗一些的短項鏈，不宜再戴細長的項鏈，否則會更顯單薄和纖弱。就色澤而言，為了不致「埋沒」項鏈的存在，項鏈的顏色應與服飾、膚色有較大的對比度。

E. 戒指。

戒指的質地、形狀、大小、色彩各異。佩戴時應搞清自己該將戒指戴在哪隻手的什麼手指上。一般來講，無論男女，戒指在手指的含義是這樣的：戴在食指上，表示尚未戀愛，正在求偶；戴在中指上，表示已有意中人，正在戀愛；戴在無名指上，表示已正式訂婚或已結婚；戴在小指上，則表示誓不婚戀，篤信獨身主義；偶爾也可見有人中指和無名指同時戴著戒指，則表示已婚，並且夫妻關係很好。由於戒指的不同戴法有不同含義，領導者一定要嚴格區分，避免失禮。

F. 胸花。

胸花是指佩在女性胸、肩、腰、頭等部位的各種花飾。胸花分為鮮花與人造花兩類。相比之下，鮮花更加高雅。最常見的是將胸花佩帶在左胸部位，也可按服飾設計要求和服飾整體效果將其佩帶於肩部、腰部、前胸或髮際等處。選擇胸花時應考慮一下自己的身高。個子矮小的人適宜選用小一點的花，並將其佩帶得稍微高一點；相反，個子高大一些的可以選用大一些的花，佩帶位置亦可稍低。對於服裝儀表應注意的是：

頭髮要給人清爽感；偶爾檢查有無眼屎；確認鼻毛是否太長並將其整理好；耳朵要保持乾淨；早晚務必要刷牙；鬍子無論是濃密或稀疏，都應每天刮；可能的話最好每天換襪

衫；上衣鈕扣要扣好；西裝要準備 3、5 件，至少每星期要換
1 次；盡量不把雜物、打火機等放入口袋，以免衣服變形；
指甲是否太長、太髒；褲子必須燙得筆直；準備 2 雙鞋子輪
流穿，且每天保持乾淨光亮，式樣盡量樸素。

2. 風度是內在氣質的自然流露

　　風度是對人體美的一種綜合的、高層次的評價。它既包
含一個人在形體外貌上的總印象，也包含了一個人在服飾儀
表方面的追求趨向，還包含了一個人在日常工作和生活中各
種習慣的身體姿勢。

　　人的風度不是一朝一夕可以學得到的，也不是模仿一下
他人的肢體動作或者改變一下衣著習慣可以得到的。而風度
的背後掩藏著一個人的思想品格、道德修養、學識才能的實
際水準。風度是外形，心靈是內核。所以說風度就是一個人
的精神風貌和內在氣質在他的言談、舉止、態度等方面的外
在表現。

　　良好的風度囊括以下幾個方面的內容：

(1)飽滿的精神狀態

　　神采奕奕，精力充沛，顯得自信和富有活力，能激發對
方的交往動機，活躍交往氣氛。

（2）誠懇的待人態度

不管對誰，都應平等對待，顯得誠懇坦率，切忌支吾其辭，或言語與表情動作自相矛盾。

（3）受歡迎的性格特徵

性格孤傲的人，風度就顯得傲慢，孤芳自賞，咄咄逼人；性格懦弱的人，風度就顯得纖細，委婉，優柔寡斷；性格強悍的人，風度就顯得大方，粗獷，叱吒風雲；性格文靜的人，風度就顯得淡雅，恬靜，文質彬彬；性格活潑的人，風度就顯得灑脫，活潑，揮灑自如；性格刻板的人，風度就呆滯，沉鬱，緘默無言……

（4）幽默文雅的談吐

風度也體現在談吐上。美的風度，在語言上體現於言之有據，言之有禮。滿口粗話，就不是風度美。

灑脫的儀表展出。一個男人風儀秀整，俊逸瀟灑，就能產生使人樂於親近的魅力。這種魅力不只取決於長相和衣著，更在於人的氣質和儀態，是人的內在品格的自然流露。

（5）適當的表情動作

人的神態和表情，是溝通人的思想感情的非言語交往工具。以體勢表情而言，略為傾向於對方，表示熱情；微微欠身，顯得謙恭有禮；身體後仰，顯得坦然隨便，但有時會顯

得過於輕慢。在面部表情上，自然的微笑，是一種輕鬆友好的表示。在聲調上，語氣應柔和自然，誠懇友善，切忌陰陽怪氣，冷嘲熱諷。

3. 認真選擇衣著的款式

1960年尼克森與甘迺迪競選總統，就當時的政治影響來說，尼克森成功的可能性遠遠地超過甘迺迪，可是，投票結果，甘迺迪勝利了。其中一個重要原因就是甘迺迪打扮得衣冠楚楚，精神飽滿，氣宇軒昂，變化了自己的形象；而尼克森由於患病剛愈，面容憔悴，精神不振，打扮時衣服寬大，難具魅力。

這說明了打扮的作用。

芸芸眾生，千種模樣，萬般風采。或者是精神矍鑠的老學者，或者是雄姿英發的戰士，或者是口若懸河的法庭律師，或者是熱情奔放的公關小姐。職業不同，年齡有別，表現出來的舉止修養也不一樣，不過無論是誰，演講前均要進行一番著意的打扮。打扮切忌千人一面，千篇一律。要根據自己的身體形態、個性愛好、年齡職業，風韻涵養以及演講主題、演講結構，做到得體、大方、勻稱、和諧、新穎、獨特。透過打扮告訴聽眾：這就是我，這才是我。

我們有些人對工作很是認真，但對打扮似乎不太在意。

一天到晚蓬頭垢面，骯髒邋遢，給人一種數月不理髮，幾週不刮鬍，天天不「整容」之感。人們一見就會聯想到他是沒有演講經驗的甚至是生活拖沓懶散之士，對其工作能力不得不有所懷疑。

還有些人裝束又過於華麗，過於時髦，花哨俗氣，唯恐人們不注意他，甚至不顧年齡性格特徵一個勁地追求一種過頭的「美化」，叫人不能接受。

人生就是一支萬花筒，只有注意自己的形象，才能樹立起自己的威信。

因此，演講者在演講前一定要認真思索，思索如何把自己打扮得更好些。最基本的要求可借用《容止格言》來衡量：「面必淨，髮必理，衣必整，紐必結。頭容正，肩容平，胸容寬，背容直。氣象勿傲勿暴勿怠，顏色宜和宜靜宜莊。」

演講者演講必須全方位地展示自己。要善於透過服裝掩蓋自身外型上的缺陷，展示自己的內在美。演講者的打扮不在於華貴，不在於時髦，而在於大方得體、協調。

下面我們從體型角度按不同類型談談演講者服裝款式的選擇。

（1）矮胖型

著裝原則是低領、寬鬆、深色、輕軟。

注意上下身衣服顏色連同鞋襪都要同色。避免穿下擺印花的裙子，上衣或外套短一些。穿斯文的高跟鞋與略帶深色

的絲襪可以使兩腿修長。要避免上身與下身的顏色反差太大。在冬天可根據演講內容選帶小型圍巾且顏色應鮮豔點。裙子不宜太長,質地要柔軟輕盈。以 V 型領為佳,袖口宜小。男士適合穿西裝褲,給人優雅、富態之感。

(2)矮小瘦削型

不能穿太寬大和大格子的上衣,可選穿淺灰色、淺黃、褐色等有膨脹感顏色的衣服,穿直筒型褲子遮蓋略高的鞋跟。

(3)高長瘦削型

宜穿帶有襯肩的大披領寬鬆上衣,這種類型的男士穿夾克很合適。要選擇有膨脹感的色調,可穿帶有細格條紋和大方格的上衣,褲子不宜過於肥大。

4. 搭配好服裝的顏色

不同的色彩能引起人們不同的聯想,產生不同的心理感受。在現實生活中,衣飾色彩的選擇一般是由人自身的性格、生活經歷、經濟基礎、性格氣質、愛好興趣決定的。沒必要做刻意的要求與規定。但每個人都應該根據自己的工作環境、工作性質和個人職責諸因素來進行衣著、飾物方面的顏色搭配。

首先要了解顏色本身的含義：

白色是純真、潔淨的象徵，也能給人恐怖、神聖的感覺；

黑色是嚴肅、悲哀的象徵，也能給人文雅、莊重的感覺；

紫色是高貴、威嚴的象徵，也能給人神祕、輕佻的感覺；

綠色是青春、生命的象徵，也能給人恬靜、新鮮的感覺；

紅色是熱情、喜慶的象徵，也能給人焦躁、危險的感覺；

藍色是智慧、寧靜的象徵，也能給人寒冷、冷淡的感覺。

在社交活動中不宜以單色調打扮，而是在某一基色調基礎上求得變化。配色時不要太雜，一般不超過 3 個顏色，另外不要用同比例搭配。服裝配色的方法有：親近色調和法與對雙色調和法。

(1)親近色調和法

即使顏色相似，但深淺濃淡不同的顏色組合在一起，是一種常用的、又較安全的配色方法。比如：深藍與淺藍，黃色與黃橙色，水藍與煙色等。

(2)對雙色調和法

即以一色襯托另一色，互相陪襯，相映成趣。如：黃色配紫色，櫻桃色配天藍色，黃綠色酡紅紫色。

常用的理想配色是：

- 綠色配黃色，中灰配褐色；

- 紅色配淡褐，深紅配淺藍；

- 深藍配灰色，土紅配天藍；

- 棕色配橄欖色，寶藍配鮮綠；

- 炭灰配淺灰，粉紅配亮綠；

- 金黃配朱紅，玫瑰配深紅；

- 栗色配綠色，橙色配淡紫色；

- 黃色配棕色，淺藍配淺紫；

- 草綠配猩紅，紫色配黃、橙；

- 海藍配硃砂，寶藍配鮮綠；

- 中棕配中藍，酒紅配黃紅；

- 原色組合（紅、黃、藍）；

- 黑白相間（「黑」、「白」兩色被稱為「救命色」，幾乎可與任何顏色相配）。

　　另外還要強調的一點是，衣物配色要考慮到特殊場所的燈光顏色。在燈光下，所有的顏色都會帶上若干黃色色調。黃色看起來幾乎變為白色，橙黃色變成黃色，淺藍色變綠色，深藍色變黑色，紫羅蘭變紅色，鮮綠色變得黯淡……所以如果演講是在晚間進行，選擇衣物時最好是在燈光下配色。

5. 精當地選擇飾物

　　20 世紀初，美國著名演講家達爾尼金在他的《演說術》中說：「過分的裝飾自己等於無情地排開聽眾。」由此可見，裝飾對於一個人社交活動的重要性，所以，除非在某些特殊的場合，否則一個人不用濃妝豔抹，只要保證衣著整潔，打扮大方，化生活妝就可以了。

　　儀表整潔會增添個人的魅力，因為整潔的衣著代表著振奮、積極、向上的精神狀態。人們會根據一個人的衣著來衡量其文明與修養的程度。因此，每個人在社交活動中應事先認真「打掃」自己，把臉洗乾淨，頭髮梳好。鬍子修刮乾淨。要保持牙齒潔白，齒縫洞不留異物，頭髮不要零亂，可打些髮膠讓其光亮定型。男士頭髮不宜過長，女士髮型也應簡潔、流暢、自然、明快。圓臉型可採用中分式，升高頭頂部頭髮，留瀏海，露出雙耳與脖子；長臉可以前髮橫流式，瀏海式或瀑布式，要讓頭髮蓬鬆，使臉變寬；方臉盤應力求圓滑，以掩蓋額頭和下巴稜角，如兩頰可留長捲髮以遮蓋兩下頰；低額頭最好梳平頭；額頭過高的前面應留短髮或梳髮捲；短脖的可留髮或梳高頭；大脖子應留長髮；翹下巴的人不宜梳高頭，也不留短髮，最好留長髮，將耳朵蓋住；下巴過小的則不宜梳平頭和使頭髮蓋住耳朵；鼻子過短的人不宜梳短髮。在一些場地稍寬闊的地方演講，面對強光的照射，可略施濃妝，但不能戲劇表演化。

女士可以稍稍打點香水，但不能灑得太多，更不要灑在衣服上，否則強烈的香味會像麻醉劑一樣刺得他人不舒服。可以塗點口紅，薄型嘴唇可塗得飽滿些，厚實的嘴唇不宜塗得太多。可略施香粉，以保證臉部潔淨、清爽，可略擦胭脂，使臉部顯得紅潤、有層次感。

此時男士也要適當裝飾一下自己。有一次，我在與他人交談時習慣用左手做些輔助動作，由於錶帶稍寬鬆了些，手錶總是上下跳動，當時正和別人談到興處，由於一開始沒意識到，到此時想到摘下手錶也不方便了。結果給我帶來很大的心理壓力，擔心手錶會摔出去，這樣一來，一時之間竟忘了說些什麼，尷尬萬分。類似這樣的情況很多，一些女士在外出活動時，喜歡戴手鐲，且手鐲一般戴在右手，結果與人交流時，手鐲時出時進的，真擔心會掉下來。

因此在進行社會活動時要盡量減少一些叫人有累贅感的物品，做到輕裝上陣。

下面想談談關於飾物的戴法。

適當地配戴飾物可增加儀表美，很多人都喜歡選用，但要做到精而簡。

項鏈：男士一般不戴項鏈，女士戴項鏈時也不要太大，要小巧，以黃金為好。也可按衣服的顏色、樣式配戴其他顏色的項鏈。年齡較小的人不宜戴項鏈。

戒指：不要太大，顏色不要太豔麗，最好不去佩戴能反射光線的戒指。

胸花：胸針、胸花之類的飾物女士可以常用。男士除了在一些社交演講時戴小胸花外，其他活動，尤其是賽事演講不要戴，有時在一些嚴肅的場合可佩戴徽章。

髮夾：盡量不戴，如果非得借助髮夾把頭髮盤起來則可用，並要把頭髮固定緊，一旦鬆落不好收場。

耳環：在某些特殊場合如演講時最好取下不戴，要戴只能戴一些小型輕巧的。如果耳環太大，在做頭部動作時可能會搖搖晃晃，有一種累贅感。

6. 注意鞋子的選擇和搭配

在演講者的穿著中，什麼對自身的情緒影響最大？衣服、裙子、褲子、帽子⋯⋯都不是。心理學家哈默生曾做過研究，鞋子對情緒的影響最大。穿一雙陳舊的軟底的鞋子會叫演講者感到精神萎靡，加深沮喪的情緒。而當你換上一雙擦得油黑錚亮的皮鞋邁著鴕鳥般的大步上臺演講時，你將會信心百倍，雄糾糾，氣昂昂的。

選擇鞋子不宜盲目追求式樣的摩登新潮，要適合自己的腳型與體型，還要考慮到整體協調與演講內容的限制。

腳型大的演講者不宜穿白色的鞋子，白色有一種膨脹感，燈光一照更是顯眼。

身材矮小型的女性不宜穿很高的高跟鞋。

細高跟的涼鞋以白色為最好，白色與夏天服飾最易搭配。

演講時以穿皮鞋最為常見，無論是男士穿西裝、夾克，還是女士穿裙子、休閒服都可穿皮鞋。演講者穿皮鞋上場顯得端莊、高雅、大方。穿皮鞋要注意與衣著顏色相配，要保證皮鞋的清亮，除了女士有些特製的皮鞋外，最好不要穿釘有鐵掌的皮鞋，以免上場時有刺激聲而影響聽眾的情緒。女士選用皮鞋跟不要太高，太高不利於運氣發聲。

選用鞋子時還要注意襪子的搭配。穿裙子宜穿長筒褲襪和連衣裙襪並穿皮鞋。褲襪的色澤一般選用與膚色相同或稍淡些的。

7. 不同性格的著裝打扮

從外表上看，有人的長相是美的，有人的長相是不太好看的。譬如高鼻子、雙眼皮、隆胸脯等就是美的標準。但是對於東方女性來說，由於遺傳方面的因素，很多人是不合格的。

怎麼辦呢？

為了美的需求，有的女人不怕痛苦，不怕花錢：美容！

一般來說，美容的女人對生活充滿著希望。她們渴望生活得更美好，相信明天會更好。在這樣的女人身上，有一股勃勃的生氣。

勇於美容的女性是生活中的強者，她們在重新塑造自己。不管出於什麼目的，勇於走進美容院，都是希望自己的外表獲得新生。

另外，有的女性美容的目的是值得考慮的。她們本來長得並不差，但是有時為了一個雙眼皮，花錢不說，竟毅然決然去受皮肉之苦，這倒是沒有必要。這當然與個性關係不大，這裡只不過提醒一句。

猶太人經商是世界聞名的，他們的第一訣竅就是「女人和嘴」。比較通俗地說，猶太人認為，最能夠賺錢的商品就是女人用的物品和吃的東西。

常言說：「人是樹椿全靠衣裳。」這話是很有道理的。女性之所以漂亮，女性之所以有魅力，化妝打扮功不可沒。喜歡打扮的女性常常會花很大的精力和錢財來美化自己。

心理學家研究指出，女孩子從兩歲開始就無休無止地美化自己了。調查資料顯示，世界上最暢銷的商品就是女性的服裝和女性的化妝用品。有不少資料顯示，服裝店老闆靠賣裙子就賺了不少女性的錢。

女性為什麼要精心打扮自己呢？有人說是為了她們鍾情的男性，有人說僅僅是為了美麗。

可能很多男性都對自己的妻子說過，我之所以跟你結婚，不是因為你穿戴漂亮，而是你這個人。可是幾乎沒有一個女性會聽丈夫的話，對打扮自己照樣不遺餘力。是不是可以這樣

說，女性喜歡梳妝打扮，不僅僅是為了男性，也是為了整個社
會。正因為她們的精心努力，整個世界才得以這樣五彩繽紛。

「嫉妒」一詞很有意思。女性之間的相互嫉妒，古往今
來有許許多多故事。看來造字的人就是從這裡得到啟發的，
所以用「女」來劃定了這個詞的意義範圍。所以，是不是可
以說，女性打扮自己也是為了與同類爭奇鬥豔呢？

喜歡打扮的女性就是春天的象徵，五彩繽紛的衣服，就是
春天的花朵。沒有花朵就不成春天，不會打扮就缺乏女性之美。

誰不愛美？男人不過說說而已。愛梳妝打扮的女性最懂
得男性的內心隱祕。

有的女性愛穿直線褲裝。這樣的服裝帶給人一種很強的
活力，缺少女性的脂粉氣，增加了幾分男性的瀟灑倜儻，在
女性的生命裡面加入了男性剛強的氣質。

這樣的女性性格一般都是很倔強的，對男性很少有依賴
性。在她們的心目中，自立是一個女性應該具備的思想基
礎，自己的幸福必須掌握在自己手裡。她們的性格特徵在她
們的服裝上表現得十分突出，抓住這一點，就可以了解這樣
的女性了。

女性的個性是風，是水，是雲。女人飄逸、柔美、輕
盈。而裙裝的流動和瀟灑，正好襯托出女性的陰柔風韻。因
此，喜歡穿裙裝的女人算得上真正的女人，其原因就是她們
常常都沒有忘記自己是女人。

裙裝最能夠展示女性的氣質和風韻，很多男性就是迷戀女人這種飄逸。這樣的女人有一種含蓄的開放性，她們「不怕穿幫，只求風韻」，微風飄來，紅裙飄動，秀腿顯露，風兒一過，紅裙依舊，一切復原，真是開放中的含蓄。

　　很多觀察資料表明，愛穿裙裝的女人是稱職的妻子和母親。這樣的女人用她們一雙溫柔的手把整個家庭收拾得井井有條，窗明几淨。丈夫揉皺了的襯衣和長褲，她們會在不聲不響中熨得平平整整。

　　走到商店裡，她們會為孩子挑選最時髦最合身的服裝。她們練就了很獨特的本領，能夠準確判斷出哪種服裝適合男孩，哪種服裝適合女孩。

　　在事業方面，這樣的女人一般都是比較順利的。其中一個重要的因素就是男上司和男同事都喜歡穿裙裝的女性美。在一個男性為主的社會裡，女性對這一點是不應該忽視的。在很多男性看來，穿裙裝的女人不是趕時髦，而是在認認真真地把自己變成一個純粹的女人。

電子書購買

爽讀 APP

國家圖書館出版品預行編目資料

話術翩翩，你就是下一個韋小寶！不會表達自己、常常把天聊死、不會拒絕別人？媽媽生嘴巴不是只給你吃飯用，而是要你學會溝通！ / 吳馥寶，刑春如 主編 . -- 第一版 . -- 臺北市：財經錢線文化事業有限公司 , 2024.01
面；　公分
POD 版
ISBN 978-957-680-712-1(平裝)
1.CST: 人際傳播 2.CST: 說話藝術 3.CST: 溝通技巧
192.32　　112020950

話術翩翩，你就是下一個韋小寶！不會表達自己、常常把天聊死、不會拒絕別人？媽媽生嘴巴不是只給你吃飯用，而是要你學會溝通！

臉書

主　　編：吳馥寶，刑春如
發 行 人：黃振庭
出 版 者：財經錢線文化事業有限公司
發 行 者：財經錢線文化事業有限公司
E - m a i l：sonbookservice@gmail.com
粉 絲 頁：https://www.facebook.com/sonbookss/
網　　址：https://sonbook.net/
地　　址：台北市中正區重慶南路一段六十一號八樓 815 室
Rm. 815, 8F., No.61, Sec. 1, Chongqing S. Rd., Zhongzheng Dist., Taipei City 100, Taiwan
電　　話：(02) 2370-3310　　傳　　真：(02) 2388-1990
印　　刷：京峯數位服務有限公司
律師顧問：廣華律師事務所 張珮琦律師

定　　價：399 元
發行日期：2024 年 01 月第一版
◎本書以 POD 印製